Die

Klagbarkeit der Differenzgeschäfte.

Von

Dr. Carl Gareis,

ord. Professor der Rechte an der Universität Gießen.

Berlin und Leipzig.
Verlag von J. Guttentag
(D. Collin).
1882.

Vorwort.

Ueber die in vorliegender Schrift behandelte Streitfrage wurde auf dem XVI. deutschen Juristentage zu Cassel von Herrn Rechtsanwalt Dr. Heinsen (Hamburg) und von mir Bericht erstattet; die handelsrechtliche Abtheilung des Juristentages nahm den von beiden Referenten übereinstimmend gestellten Antrag: „es empfiehlt sich nicht, die Differenzgeschäfte gesetzlich zu verbieten oder zu beschränken", nach längerer interessanter Debatte mit sehr großer Mehrheit an. Hieran schloß sich dann die Annahme des von den Herren Professor Dr. H. Brunner (Berlin) und Reichsgerichtsrath Dr. Wiener (Leipzig) gestellten und von mir unterstützten Antrags: die ständige Deputation des Juristentags zu ersuchen, auf Grund einzuholender Gutachten dem nächsten Juristentage die Frage vorzulegen:

„ob und in welcher Weise es im Wege der Gesetzgebung ausführbar sei, den schreiendsten Mißbräuchen des Speculationsverkehrs in Zeitkäufen durch Aufrichtung einer Börsenordnung entgegen zu wirken, welche die Handhabung einer strafferen Disciplinargewalt von Seiten der Börse und ihrer Organe sichert."

Die demnach bevorstehende Neuberathung der einschlägigen Fragen, wie das Interesse, welche die juristischen und kaufmännischen namentlich die der Börse selbst nahestehenden Kreise an dem Gegenstande nehmen dürften, haben mich zur Herausgabe dieser Schrift veranlaßt.

Gießen, Sept. 1882.

Carl Gareis.

I.

Es ist kaum glaublich, daß Geschäfte, in denen täglich Millionen von Geldwerthen umgesetzt werden, in ihrer rechtlichen Grundlage und gerichtlichen Klagbarkeit äußerst zweifelhaft sind; Millionen von Werthen schweben folglich so zu sagen in der Luft, und diejenigen Personen, welche Anspruch auf dieselben machen oder dieselben hingeben sollen, kümmern sich nicht im Mindesten darum, ob der Anspruch gerichtlich durchgesetzt werden kann oder nicht, kümmern sich nicht darum, was Rechtens ist in Bezug auf diejenigen Vorgänge, denen sie ihr ganzes Vermögen anvertrauen. Das ist kaum glaublich, aber die Thatsache der in Differenzen arbeitenden Börsenspeculation ist ein Beleg für jene wirklich vorhandene Zufriedenheit in der Unsicherheit, für jene Sorglosigkeit im Leben Tausender, ein Beleg, der nicht einmal vereinzelt dasteht, sondern in der Unkenntniß der Erbrechte und der ehelichen Güterrechte, in der Unkenntniß der Gesellschaftsrechte, denen sich Tausende blindlings unterwerfen, Analogien findet.

Aber noch merkwürdiger erscheint der Conflict zwischen Gesetz und Moral, der auf dem Gebiete der Differenzenspeculation zu Tage tritt: nicht das ist auffallend, daß die beiden großen Regulatoren menschlicher Thätigkeit — Recht und Sitte — nach der Anschauung eines Einzelnen oder Tausender mit einander in einem concreten Falle in Widerspruch treten, und daß dann und wann die Sitte im Kampfe mit dem Gesetze die Oberhand behält, — aber überraschen muß, daß das Börsenspiel von den Einen als sittlich und dem „natürlichen Rechte" entsprechend gegen verbietende Gesetze vertheidigt, von den Andern als unsittlich verworfen und als schmähliches Spiel verdammt wird, derart, daß Gesetze gebilligt und gefordert werden, die mit äußerster Strenge gegen die „Börsenspieler" vorgehen. Dieselben Geschäfte, an welche die Einen die Blüthe der Volkswirthschaft, das ökonomische Heil des Vaterlandes untrennbar knüpfen, dieselben Geschäfte werden von den Andern im besten Glauben als volkvergiftend verurtheilt und dem Schwerte der im Dienste der Moral richten sollenden Gerechtigkeit überwiesen.

Diese Meinungsverschiedenheit dürfte für sich allein schon hinreichend rechtfertigen, daß sich Rechtsgelehrte und Nationalökonomen, Staatsmänner und überhaupt Jeder, dem das öffentliche Wohl am Herzen liegt, ernstlich mit dem Gegenstande jener Meinungsdifferenz beschäftige; nimmt man dazu noch die gegenwärtig bestehende Rechtsverschiedenheit auf den Gebieten deutscher Landesrechte, die Rechtsunsicherheit auf diesen selbst und im Gebiete des gemeinen Rechts und die begonnene bzw. in Aussicht genommene Bearbeitung eines deutschen Civilgesetzbuches und des Handelsgesetzbuches, so hat man Gründe genug, mit dem deutschen Juristentage sich die Frage vorzulegen:

Sind Ansprüche aus Differenzgeschäften zu verbieten oder zu beschränken?

Man versteht bekanntlich unter „Differenzgeschäften" solche Lieferungsgeschäfte (Zeitgeschäfte, marchés à terme), bei denen die Contrahenten nicht die Reallieferung der Waare, nicht die wirkliche Uebergabe und Abnahme der gehandelten Waare gegen Zahlung des vereinbarten Kaufpreises im Auge haben, sondern ihre gegenseitigen Rechte und Pflichten aus dem Geschäfte durch Zahlung der Differenz ausgleichen, welche zwischen dem Kaufpreise (Marktpreis des Vertragsabschlußtages) und dem Börsen- oder Marktpreise des Erfüllungstages (Regulierungstages, Liquidationstermins) entstanden ist.

Theoretisch lassen sich drei Arten von Differenzgeschäften unterscheiden:

1. Ein gewöhnliches, auf Waarenlieferung gerichtetes Fixgeschäft, dessen Realerfüllung in Folge des Verzugs des Verkäufers nicht erfolgt, welches aber durch Zahlung der Differenz (gemäß Art. 357 Abs. 3 d. A. D. HGB.) abgewickelt wird, gewinnt — aposterioristisch — die Natur eines Differenzgeschäftes.

2. Ein fixer Zeitkauf, bei welchem vereinbarungsgemäß der Käufer, auch ohne daß der Verkäufer im Verzuge ist, das Recht haben soll, an einem bestimmten Tage (dem Stichtage) zu wählen, ob er die reale Waarenlieferung oder nur die Differenz zwischen Kaufpreis des Abschlußtags und Cours des Regulierungstags fordern und empfangen wolle, ist die durch das Wahlrecht des einen Contrahenten hergestellte Verbindung zweier Geschäfte, nemlich eines eigentlichen Fixgeschäfts und eines reinen Differenzgeschäfts.

3. Unter Letzterem wird der gewöhnlichen Lehre nach ein Zeitkaufgeschäft verstanden, in welchem die Speculation beiderseits und

von vorneherein nur auf Zahlung und bzw. Empfang der Differenz gerichtet, die Waarenlieferung demnach nur so zu sagen zum Scheine in den Schlußnoten oder Correspondenzen erwähnt, von keinem Theile aber wirklich gemeint ist; dieses sog. eigentliche oder reine Differenzgeschäft wird auch als alternativ-bedingtes Geschäft aufgefaßt, des Inhalts, daß, wenn eine bestimmte Waare unter den Cours am Schlußtage (d. i. unter den „Preis") fallen wird, der eine Contrahent dem andern die durch dieses Fallen entstandene Differenz, berechnet für die in der Vereinbarung genannte Waarenquantität, zu zahlen hat, andernfalls aber der letztere Contrahent dem erstern den entsprechenden Betrag, um welchen dieselbe gestiegen ist.

Alle 3 Arten von Differenzgeschäften können thatsächlich nur bei solchen Waaren vorkommen, welche einen Markt- oder Börsenpreis haben, insbesondere bei börsengängigen Werthpapieren (Staatspapieren, Obligationen aus öffentlichen Anleihen, Actien und Obligationen von Gesellschaften, „effets publics et autres") und gewissen in großen Quantitäten behandelten Landesproducten (Getreide, Mehl, Alcohol, Oel u. A., in manchen Ländern auch Eisen, Wolle u. A. „denrées et marchandises").

So gewöhnlich nun die obigen Unterschiede gemacht werden und so richtig sie theoretisch sind, so ist doch zu constatieren, daß die Unterschiede zwischen dem zufälligen Differenzgeschäft (s. oben unter 1.), dem alternativen oder Wahl-Differenzgeschäft (s. oben unter 2.) und dem reinen Differenzgeschäft (s. oben unter 3.) praktisch unhaltbar und gesetzgeberisch nicht verwerthbar sind.

Thatsächlich kommt nur Eine Art von Differenzgeschäften in Frage, und dies ist die in der Form des auf Reallieferung gerichteten Zeitkaufs auftretende (wenn man will, also die unter Ziff. 1 erwähnte); aber in die Art der Erfüllung, in die endliche Regulierung dieses als Zeitkauf auftretenden Differenzgeschäfts greifen die eigenthümlichen Normen der börsenmäßigen Compensationen, der Abrechnung und Ausgleichung einer großen Anzahl von Käufern und Verkäufern unter einander ein, und diese bringen es mit sich, daß im Interesse der betr. Käufer wie der Verkäufer eine große Menge von Geschäften nur durch Differenzenzahlung bzw. -empfang erfüllt wird.

Differenzgeschäfte, die weder mit dem Parket noch mit der Coulisse einer Börse in Zusammenhang stehn, kommen praktisch nicht in Betracht; in jenem Zusammenhange aber erscheint die Differenzenspeculation als Theil eines großen Ganzen, als Theil der im Effecten- oder Waarenhandel arbeitenden Börsenoperationen. Dies wird zumeist gänzlich übersehen. Es geht etwas zu weit, trägt aber doch zur Verdeutlichkeit Dessen, um das es sich handelt, bei, wenn man sich den Zusammenhang einer Anzahl von Zeitgeschäften als eine Reihe von Singularsuccessionen in die Rolle eines Käufers und ebensovieler Singularsuccesionen in die Rolle eines Verkäufers vorstellt: 10*) Käufer suchen eine bestimmte Waare, 10 Verkäufer verkaufen dieselbe, beiderseits ist stets Reallieferung bzw. Realbezug der Waare gewollt und paktiert; aber bevor es zur Lieferung der Waare kommt, sehen 9 von den Käufern ein, daß sie sich die Waare besser nicht liefern lassen, 9 von den Verkäufern, daß sie die Waare besser nicht liefern, — sei es weil jene ihren Vortheil ohne Bezug bzw. diese ihn ohne Lieferung finden, sei es weil weiterer Nachtheil ohne Bezug bzw. ohne Lieferung vermieden wird, oder aus diesem oder jenem Grunde. Nur einer der Käufer ist in unserm Beispiele noch auf dem Realbezug stehn geblieben, nur einer der Verkäufer auf der Reallieferung: diese 2 stellen die Endpunkte einer Kette dar, deren Glieder durch das Verfahren der börsenmäßigen Liquidation (das „Börsenarrangement“ am Liquidationstage, das Compensieren) ermittelt, deren Rechtsverhältnisse durch besondere Geschäfte (Compensationsgeschäfte) und daran angeknüpfte Scontration abgeglichen werden; hierbei wird die Basis, daß ein ernstlicher Kauf der Waare einerseits, ein ernstlicher Verkauf derselben andererseits vorliege, keinen Augenblick verlassen, nur die Ausgleichung und Abgleichung als Erfüllung in den Compensationsgeschäften und der Scontration (auf dem Wege einer Surrogierung der Reallieferung) führt zu der Zahlung und dem Empfange einer Differenz.**)

Jenen Zusammenhang übersah die Jurisprudenz; sie mußte ihn übersehen, da vor ihr Forum nur das einzelne Glied, nicht die Kette selbst, gelangte; sie konnte die Kette, der das einzelne Glied

---

*) Die Ziffer versteht sich hier nur beispielsweise; das Verhältniß der mit Differenzenzahlung abschließenden Geschäfte zu den mit Reallieferung endenden wird verschieden angegeben, mitunter wie 5 zu 1, mitunter wie 10 zu 1, mitunter sogar wie 19:1.

**) Die Darstellung jenes Zusammenhangs s. vorzüglich bei Emil Struck „die Effectenbörse, eine Vergleichung deutscher und englischer Zustände“ in G. Schmollers staats- und socialwissenschaftlichen Forschungen (1881) insbes. S. 30—35, 59, 60 u. a. — Ferner: Grünhut in dem von Endemann herausgegebenen Handbuch des Handelsrechts, III. Bd. S. 11 ff. (§ 279), dann den von dem Deputierten Alfred Naquet verfaßten Commissionsbericht v. 20. Juli 1882 S. 40 ff. (s. unten S. 18). Ueber das Ganze s. auch besonders: O. Michaelis, die wirthschaftliche Rolle des Speculationshandels in seinen „Volkswirthschaftlichen Schriften“ Bd. II S. 3 ff.

diente, um so weniger erkennen, je seltener Börsenstreitigkeiten zur gerichtlichen Cognition gelangten, je regelmäßiger sich die Contrahenten die Abgleichung mittels Differenz als in allseitigem Interesse gelegen gefallen ließen. Was die Juristen von den Börsenvorgängen zu sehen bekamen, war also nur Fragment, ein abgebröckeltes Stück eines größern Ganzen, ein Stück, welches abgebröckelt ist, weil es — das darf man wohl gleich hier sagen — nach einer Seite hin unsolid, angefault war.

II.

Die Rechtslage, auf Grund deren die aus jenem Zusammenhang genommenen Börsengeschäfte von den Gerichten beurtheilt werden mußten, war und ist, seit Börsenspeculationen existierten, in Deutschland vielen Veränderungen unterworfen und dabei stets unsicher.

Feststeht vom Standpunkte des deutschen Rechts aus nur Folgendes:

I. Gültig sind die Zeitgeschäfte (marchés à terme) als solche, diejenigen Kaufgeschäfte, inhaltlich welcher der Verkäufer die ihm obliegende Waarenlieferung an einem erheblich späteren Zeitpunkte nach Abschluß des Vertrags zu bewirken hat;*) gleichgültig ist hierbei, ob er die Waare zur Zeit des Vertragsabschlusses bereits vorräthig oder sonst zu seiner Disposition hat, oder ob er sie zum Zwecke der spätern Lieferung erst anschaffen muß (vgl. D. HGB. Art. 271. Ziff. 2: die Uebernahme einer solchen Lieferung von Gegenständen, welche der Uebernehmer zu diesem Zwecke anschafft, ist absolutes Handelsgeschäft).

II. Gültig ist der Anspruch auf Zahlung der Differenz im Falle des Verzugs des Verkäufers; will der nichtsäumige Käufer statt der Erfüllung Schadenersatz fordern, was er, wenn das Geschäft, wie die Börsengeschäfte regelmäßig sind, ein Fixgeschäft ist, ohne Weiteres, ohne Androhung und ohne Nachholungsfrist thun kann, so besteht der Betrag des Schadenersatzes gemäß Art. 357. Abs. 3 d. A. D. HGB. regelmäßig in der Differenz zwischen dem vereinbarten Kaufpreise und dem Werthe, welchen die geschuldete Waare am Orte und zur Zeit der vertragsmäßigen Erfüllung hat. (Vgl. Entsch. d. ROHG. Bd. V. S. 261.)

III. In der Deutschen Konkursordnung (§ 210) ist bestimmt: Schuldner, welche ihre Zahlungen eingestellt haben, oder über deren Vermögen das Konkursverfahren eröffnet worden ist, werden wegen einfachen Bankerutts mit Gefängniß bis zu zwei Jahren bestraft, wenn sie:

---

*) S. Thöl, HR. 6. Aufl. § 258 I. Gareis kurzgefaßtes Lehrb. d. HR. § 61 und Gareis in dem von Endemann herausgegebenen Handbuche des HR. § 264, Bd. II. S. 585, 586 nebst Anm.

1. durch Aufwand, Spiel oder Differenzhandel mit Waaren oder Börsenpapieren übermäßige Summen verbraucht haben oder schuldig geworden sind.*)

. . . .

Weiter werden die uns hier interessierenden Geschäfte vom deutschen Reichsrechte nicht berührt.

Von den in den einzelnen Territorien geltenden Rechten**) ist des bürgerlichen Gesetzbuches für das Königreich Sachsen besonders zu gedenken; dieses bestimmt nemlich:

„§ 1480. Forderungen aus Spiel oder Wette können weder mittelst Klage noch mittelst Einrede geltend gemacht werden. Ist jedoch das bei einem Spiele oder bei einer Wette Verlorene geleistet, so kann das Geleistete nicht zurückgefordert werden, ausgenommen wenn das Spiel oder die Wette, in Folge deren geleistet wurde, verboten ist. (Ges. v. 11. April 1864.)"

„§ 1482. Ein Vertrag, nach welchem der Eine dem Andern den Unterschied zwischen dem angenommenen Preise einer Sache und dem Marktpreise oder Course, welchen sie zu einer bestimmten Zeit gehabt habe oder haben werde, zahlen soll, ist nach den Vorschriften über Spiel und Wette zu beurtheilen. Dieß gilt insbesondere von einem Lieferungskaufe, welcher nur zum Scheine auf Lieferung zu einer gewissen Zeit gerichtet ist, und bei welchem die Absicht der Vertragschließenden nur dahin geht, den Unterschied zwischen dem vereinbarten Kaufpreise und dem Marktpreise oder Course zur scheinbaren Lieferungszeit von dem Einen dem Andern vergütet werden soll. (§ 80.)"

„§ 80. Zur Umgehung eines Gesetzes vorgenommene Handlungen sind einem offenen Zuwiderhandeln gleich zu achten."

Demnach sind die Differenzgeschäfte im Königreich Sachsen zwar nicht klagbar, aber es ist die Rückforderung des geleisteteten Differenzschlusses ausgeschlossen und der Abschluß nicht mit Strafe bedroht.***) Das Preußische Recht enthält keine ausdrückliche Be-

---

*) Vgl. hierzu Sarvey, KonkOrd. 2. Aufl. S. 879—880.

**) Es ist ausgesprochen worden, daß über die Frage der Gültigkeit der Geschäfte das Recht des Ortes der Klagerhebung, nicht das des Erfüllungsorts entscheidend sei, vgl. Entscheid. d. ROHG. Bd. VI. Nr. 48 S. 224, Bd. IX. Nr. 59 S. 201, Bd. XIV. Nr. 89 S. 273.

***) Vgl. Entsch. d. ROHG. Bd. XVII. Nr. 68 S. 322 und Bd. XXI. Nr. 34 S. 99, 101.

stimmung über Differenzhandel; einige ältere Gesetze, vom 19. Januar 1836 (Nichtigkeit und Strafbarkeit der über spanische Staatsobligationen errichteten Zeitgeschäfte), vom 13. Mai 1840 (Nichtigkeit der über ausländische Inhaberpapiere überhaupt abgeschlossenen Zeitgeschäfte) und 24. Mai 1844 (Verbot der Geschäfte über nichtvolleinbezahlte inländ. Actien) sind durch preuß. Gesetz vom 1. Juni 1860 aufgehoben;*) die Praxis wendet mitunter die Norm über Wetten (Th. I. 11 § 579. „Auch wegen Wetten ist eine gerichtliche Klage nur alsdann zulässig, wenn die Wette sogleich baar gesetzt, und entweder gerichtlich, oder in die Verwahrung eines Dritten niedergelegt worden") auf Börsengeschäfte an;**) thatsächlich werden diese Geschäfte an der Berliner Börse wesentlich nicht anders behandelt und wesentlich ebenso abgewickelt wie an der Frankfurter, Wiener und anderen Börsen;***) das Frankfurter Recht erklärt die Differenzgeschäfte für klagbar;†) über das Oesterreichische s. unten IV. Seite 11 und über das Französische Recht††) unten V. Seite 13.

Die principielle Auffassung Seitens des Reichsoberhandelsgerichts ist im Wesentlichen folgende: es nimmt an, daß wenn der Sinn der Differenzvereinbarung dahin aufzufassen sei, daß der eine Contrahent nicht zu liefern, der andere nicht zu nehmen brauche, daß also Pflicht und Recht der Effectivlieferung ausgeschlossen und mit der Differenz das Geschäft erfüllt sein solle, die rechtliche Unterstellung eines Kaufvertrags ausgeschlossen sei; im Uebrigen sei die Natur der Differenzgeschäfte bestritten; neben der Auffassung als Kauf im Allgemeinen oder als Hoffnungskauf im Besondern stehe die derselben als Wetten; all Dies sei aber unrichtig; am besten fahre man, wenn man die Differenzgeschäfte unter gar keinen römischrechtlichen Begriff bringt, sondern sie nach allgemeinem germanischen Rechte als einen aus der Einigung des Willens zweier Contrahenten hervorgegangenen Vertrag auffaßt; hiernach sind alle Verträge, wenn sie nicht unsittlich sind, gültig und rechtswirksam und erzeugen eine Klage; ob nun die

*) Bei Gustav Cohn Zeitgeschäfte und Differenzgeschäfte 1867 S. 38, vgl. Struck a. a. O. S. 108 ff.

**) Vgl. auch Entsch. d. ROHG. Bd. I. Nr. 25 S. 93, Bd. IX. Nr. 59 S. 202, 203, Bd. XIV. Nr. 89 S. 273.

***) Die Hamburger Fallitenordnung vom 31. Aug. 1751 aber verbietet die Differenzspeculation und allen sonstigen „Windhandel", eine Vorschrift, welche von der Praxis hier nicht betrachtet wird. Thöl a. a. O. § 307 Anm. 16. — Vgl. Grünhut a. a. O. S. 13 und Berliner Börsenusancen § 4 in Goldschmidt's Zeitschrift f. d. ges. Handelsrecht Bd. XVIII. S. 504, Bd. XXIV. S. 543.

†) S. Entsch. d. ROHG. Bd. XV. Nr. 78 S. 278.

††) Vgl. auch Entsch. d. ROHG. Bd. XIV. Nr. 89 S. 273, 276.

Differenzgeschäfte als sittliche oder als unsittliche Verträge aufzufassen seien, darüber herrschen verschiedene Ansichten und divergieren auch die in Gesetzen sich bietenden Anhaltspunkte;*) Letztere mangeln nun aber zumeist, dann würde man in Ermangelung besonderer Normen die Differenzgeschäfte für klagbar erklären müssen, wenn man nicht annehmen wollte, das richterliche Ermessen entscheide — willkürlich — darüber, ob Tausende von täglich unter anständigen Leuten abgeschlossene und erfüllte Verträge unsittlich seien oder nicht; daher findet die Ansicht, daß die Differenzgeschäfte, soweit nicht positiv Anderes feststeht, was gemeinrechtlich nicht der Fall ist, klagbar sind, in der Theorie und Praxis immer mehr Anhänger;**) aber die Rechtssprechung in Deutschland ist zur Zeit doch noch weit von Sicherheit und Einigkeit entfernt und bei der — wohlgemeinten — Agitation gegen die Börse und dem Mangel klarer Gesetze fortwährend Störungen ausgesetzt.

Bei dieser Rechtslage ist die vom Juristentage aufgeworfene Gesetzgebungsfrage wohl zeitgemäß. Zu ihrer Beantwortung wird aber zweckmäßigerweise auch Rücksicht auf die Rechtslage anderer Länder zu nehmen sein; diese Berücksichtigung läßt — wie wir vorausschicken können — keinen Zweifel darüber, daß die Rechtsunsicherheit auf dem Gebiete Börsenrecht in Bezug auf Differenzgeschäfte nichts dem deutschen Rechtsleben Eigenthümliches ist, sie läßt aber auch keinen Zweifel darüber, in welcher Richtung sich die von competenten Personen getragene öffentliche Meinung bewegt und die Gesetzgebung zu bewegen hat.

III.

Das Englische Recht des vorigen Jahrhunderts, insbesondere eine Acte von 1734***) verbot die Zeitgeschäfte, wenn sie à découvert abgeschlossen waren (d. h. hier ohne reales Vorhandensein der behandelten Waare, also ohne daß der Verkäufer die verkaufte Waare zur Zeit des Verkaufs in seiner Disposition hatte), und belegte die Contrahenten derselben mit Strafen. Allein die Rechtssprechung nahm

*) Vgl. Entsch. d. ROHG. Bd. XXI. Nr. 34 S. 99, 100 u. die übrigen von Fuchsberger, Entsch. d. ROHG. zusammengestellten Erkenntnisse S. 665 ff.

**) Vgl. Grünhut a. a. O. S. 15 ff.; Thöl HR. (6. Aufl.) § 307 a. E.; Endemann HR. § 120; Keyßner HGB. S. 385; Stobbe Deutsches Privatrecht Bd. III. § 193 III; Paul Laband in der Politischen Wochenschrift von Delbrück und von Putlitz, 1882 Nr. 6 (22. April 1882) S. 41—43. Ferner die von Grünhut a. a. O. § 279 Anm. 9 cit. Lit. und Rechtssprechung.

***) Die „Sir John Barnard's act“ s. Motive des französ. Gesetzentwurfs über die marchés à terme, S. 37.

an, daß sich dieses Gesetz nur auf die englischen Staatspapiere beziehe, und gestattete in den übrigen Effecten die Differenzenspeculation. Als aber durch ein Gesetz von 1860 jenes Verbot der Zeitgeschäfte in Staatspapieren aufgehoben ward, da zogen einige Gerichte die Bestimmungen eines Gesetzes von 1845 heran, wornach alle Verträge, die den Charakter eines Spieles oder einer Wette tragen, ungültig sein sollen, und erklärten demnach diejenigen Zeitgeschäfte für ungültig, die nur in der Absicht von den Contrahenten abgeschlossen werden, die Coursdifferenz zu gewinnen. Diese Richtung ist jedoch außerordentlich stark im Abnehmen begriffen;*) gegenwärtig ist wenigstens so viel außer Zweifel, daß die nach den Usancen und Reglements der Stock Exchange abgeschlossenen Zeitgeschäfte gültig und klagbar sind, und insbesondere können die Brokers (Mäkler) stets ihre Auftraggeber zwingen, die Verbindlichkeiten aus den Zeitgeschäften der Stock Exchange zu erfüllen;**) nach dem Common Law sind alle Zeitgeschäfte schlechthin klagbar.***)

---

*) S. Motive zum französ. Gesetzentwurf über die marchés à terme von 1882. S. 38.

**) S. französ. Commissionsbericht 1882 (Naquet) S. 59.

***) Uebrigens zeigt der Stock-Exchange-Verkehr gerade besonders deutlich, wie unrichtig es ist, von einer „reinen Differenzspeculation" von vorneherein zu sprechen. Emil Struck spricht sich in den Schmoller'schen Staats- und socialwissenschaftlichen Forschungen Bd. III. Heft 3 „Die Effectenbörse" ꝛc. S. 29 ff. u. A. dahin aus: „Die Mehrzahl der auf der Stock Exchange abgeschlossenen Geschäfte, nach einer Schätzung $^5/_6$ der Gesammtsumme, zielt nicht auf reelle Transaktion ab, sondern die Absicht der Parteien geht darauf aus, an den erwarteten Coursänderungen zu gewinnen. Bei Alledem ist jeder Vertrag auf wirkliche Lieferung und Zahlung gerichtet: eine das Gegentheil besagende Klausel kommt nicht vor, so daß beim Abschluß gar nicht erkannt werden kann, ob das Geschäft ein speculatives oder kapitalistisches ist. Allein der Verpflichtung zur Abnahme und Hingabe können die Parteien sich leicht dadurch entledigen, daß sie noch vor dem Liquidationstermine ein dem ersteren entgegengesetztes Geschäft abschließen, d. h. auf das Engagementsgeschäft die Realisation folgen lassen. Gelegenheit hierzu aber bei irgend einem Course, sei es einem günstigen oder ungünstigen, ist in Speculationspapieren stets vorhanden." Die ganze Art der Abwickelung der speculativen Geschäfte zeigt die Unrichtigkeit der gewöhnlich angenommenen Unterscheidung: es entsteht in der Regel eine zusammenhängende Kette von Geschäften, an deren einem Endgliede ein reeller Käufer, d. h. Einer, der nicht wieder verkauft, an dem andern Ende ein reeller Verkäufer, d. h. Einer, der nicht wieder gekauft hat, steht; die Mittelglieder dieser Kette stellen Geschäfte dar, deren Contrahenten alle sowohl Käufer als Verkäufer sind, — die Differenzgeschäfte. Struck a. a. O. S. 29, 32 ff. Die Durchführung der Liquidation am Ermittelungstage führt zur Entdeckung dieser Kette.

Die Gesetzgebung des Königreichs Italien*) ist einem ausdrücklichen Wunsche des Handelsstandes gefolgt, indem sie die Klagbarkeit der Differenzgeschäfte aussprach; dies geschah zuerst durch das Gesetz vom 14. Juni 1874, welches einen Stempel für alle gleichzeitig als klagbar erklärten Börsengeschäfte vorschrieb; an Stelle dieses Gesetzes ist das Börsenstempelgesetz vom 13./16. September 1876 getreten, dessen erster Artikel die Börsengeschäfte aufzählt, auf welche die neue Taxe Anwendung finden soll, auf Zeitgeschäfte, feste und mit Prämie abgeschlossene, Reportgeschäfte u. s. w., gleichviel ob deren Gegenstand Staats- oder Privatpapiere, oder Waaren u. s. w. sind. Aber es spricht die Stempelpflicht (Verpflichtung, gestempeltes Papier beim Vertragsabschlusse zu gebrauchen) und die Klagbarkeit — und hierin ist ihr das österr. Gesetz ähnlich — nur für die an der Börse**) abgeschlossenen Geschäfte aus, unter der Voraussetzung des Abschlusses an der Börse aber allerdings auch für den Fall, daß das Geschäft nur die Zahlung der Differenz zum Gegenstande hat.***) So klar und bindend die Vorschriften des Gesetzes zu sprechen scheinen, — die Rechtsprechung schließt sich ihnen dennoch nicht gleichmäßig an, manche Gerichte lassen dem Gesetze nur die Bedeutung einer einfachen Rechtsvermuthung für die Ernstlichkeit des in der gesetzlichen Form abgeschlossenen Geschäfts, andere weisen die Klagen auf Differenzenzahlung zurück, wenn das Mißverhältniß zwischen den in Speculation befindlichen Wetten einerseits und dem Vermögen der Parteien andererseits die Ernstlichkeit des Willens der Parteien in den Geschäften in Frage ziehen läßt.†)

In Spanien sind die Differenzgeschäfte gültig, dagegen in Rußland ungültig, ja der Abschluß derselben unter Strafe gestellt.††)

---

*) Motive des französ. Gesetzentwurfs S. 36. — Vidari corso di diritto commerciale t. IV. p. 441 ff.

**) Ueber die Einrichtung der Börsen in Italien s. Alberto Marghieri il diritto commerciale italiano. Napoli 1882. § 44 S. 366—371.

***) Vgl. französ. Comm.Bericht S. 60.

†) Vgl. Motive des französ. Gesetzentwurfs S. 37. und Vidari a. a. O. (Anm. des Berichtes).

††) So nach französ. Comm.Bericht S. 60, 61.

In Rußland findet sich übrigens eine ungleiche Rechtsprechung; bis zum Jahre 1876 nahm, dem Buchstaben des Gesetzes (Art. 2167 in Bd. X. des Svod) folgend, dieselbe an, daß nur die Speculation in Aktien verboten sei; in einem Plenar-Erkenntnisse des Senats vom Jahre 1876 aber ist das Verbot ausgedehnt interpretiert. (Diese Mittheilung verdanke ich Herrn Syndikus Beisert in Berlin.)

Von den Kantonen der Eidgenossenschaft besitzt nur Genf ein besonderes auf Zeitgeschäfte bezügliches Gesetz, nemlich das vom 22. Februar 1860;*) dasselbe bestimmt die Gültigkeit und Klagbarkeit aller Zeitgeschäfte und erklärt ausdrücklich die Art. 421 und 422 des Code penal (Strafbarkeit des Speculierens auf Steigen und Sinken der Staatspapiere) und Art. 1965 des Code civil (Einrede des Spieles) für unanwendbar auf Zeitgeschäfte, welche an der Genfer Börse abgeschlossen wurden und von den Börsencommissären registriert sind. Allein das eidgenössische Obligationenrecht vom 14. Brachmonat 1881 (in Kraft tretend mit 1. Januar 1883) läßt die Einrede des Spieles bei Zeitgeschäften, auch bei den von Börsen abgeschlossenen zu und spricht dem Spiel wie der Wette jede Klagbarkeit ab. (Art. 512.)

In Belgien ist zwar der Art. 421 und Art. 422 des Code penal nicht mehr Rechtens, der Geschäftsbetrieb der Agents de change seit dem Gesetz vom 30. December 1867 von ältern veralteten Beschränkungen befreit und das ältere französische Recht mit seinen Verboten der Zeitgeschäfte aufgehoben; auch ist im Jahre 1867 ein den Spiel- und Wettcharakter der Differenzgeschäfte ausdrücklich aussprechender Antrag zum Gesetze abgelehnt worden, jedoch geschah letzteres nur, um die Entscheidung der Streitfrage aufzuschieben; die belgische Jurisprudenz läßt die Einrede des Spiels jedesmal zu, wenn feststeht, daß die gemeinsame Absicht der Parteien darauf gerichtet war, daß keine Realleistung stattfinden solle; hiegegen aber erhebt sich in neuester Zeit eine Bewegung, welche darauf gerichtet ist, die Einrede des Spiels im Börsenverkehr auf dem Wege der Gesetzgebung zu beseitigen.**)

IV.

In Oesterreich***) ist durch das Gesetz vom 1. April 1875, betr. die Organisation der Börsen, ein Rechtszustand geschaffen worden, welcher für Börsenkreise die möglichst große Sicherheit bietet und in der Zeit des jüngsten Pariser Kraches die Feuerprobe bestanden hat;

---

*) Vgl. franz. Mot. S. 34. — Grünhut in Endemann Handbuch d. H.R. Bd. III. § 279 Anm. 9.

**) Motive des französ. Gesetzentwurfs S. 35. S. französ. Comm.Bericht S. 59. (Beschluß der Union syndicale de Bruxelles v. 13. März 1882.)

***) Vgl. Grünhut, Das Börsen- und Mäklerrecht, Wien 1875 S. 47 ff. (auch in seiner „Zeitschrift f. d. Privat- u. öffentliche Recht der Gegenwart") und Grünhut in Endemann Handbuch des Handelsrechts Bd. III. S. 9 ff., 17.

der Grundgedanke des österr. Gesetzes ist: Klagbarkeit der Börsengeschäfte; dieser Gedanke ist ausgesprochen in den §§ 12 u. 13 des Gesetzes, von denen der Letztere lautet: „Bei der Entscheidung von Rechtsstreitigkeiten aus Börsengeschäften ist die Einwendung, daß dem Anspruche ein als Wette oder Spiel zu beurtheilendes Differenzgeschäft zu Grunde liege, unstatthaft.“ Damit ist die Klagbarkeit der Differenzgeschäfte ausgesprochen, jedoch nur für den Umkreis der Börsengeschäfte, und unter diesen Geschäften versteht das Gesetz (§ 12), nach Ort, Zeit und Object des Geschäftes einschränkend, nur jene Geschäfte, „die im öffentlichen Börselocale in der festgesetzten Börsezeit über solche Verkehrsgegenstände geschlossen worden sind, welche an der betreffenden Börse gehandelt und notiert werden dürfen.“*) Mit diesem Grundgedanken der österr. Börsengesetzgebung verbindet sich die Anordnung besonderer Börsenschiedsgerichte, deren Competenz nach den auf Grund des Gesetzes erlassenen Börsenstatuten auf Schlichtung und Entscheidung der Streitigkeiten, welche sich auf Börsengeschäfte beziehen (§ 5 Ziff. 7 u. § 6 d. Ges.) beschränkt ist; Berufungen gegen die Erkenntnisse dieser Schiedsgerichte sind unzulässig; nur eine Klage auf Ungültigkeit des Schiedsspruchs ist zulässig, aber diese Klage muß binnen einer unerstreckbaren Frist von 8 Tagen nach der Zustellung des schiedsrichterlichen Erkenntnisses bei dem ordentlichen Richter erster Instanz, welcher zur Entscheidung in der Hauptsache berufen wäre, schriftlich angebracht werden; die Unterschrift eines Advocaten ist hierbei erforderlich, im schiedsrichterlichen Verfahren selbst ist die Vertretung durch Advocaten statutenmäßig ausgeschlossen. Durch die Erhebung der Klage auf Ungültigkeit des Schiedsspruches wird die Execution desselben nicht gehemmt, die Gerichte vollziehen die Schiedssprüche unweigerlich. Da aber all diese Bestimmungen nur auf Börsengeschäfte anwendbar sind und diese sich u. A. durch den Ort des Abschlusses — die Börse — qualificieren, so kommt in Betracht, daß alle Personen, deren Ueberlegtheit, Zahlungsfähigkeit oder Ehrenhaftigkeit einigermaßen in Zweifel gestellt werden kann, von dem Besuche der Börse ausgeschlossen sind (vgl. § 5 d. Ges. v. 1. April 1875).**) Zu diesen Ausgeschlossenen gehören u. A. auch Diejenigen, „welche und insolange sie den ihnen aus einem Börsengeschäfte obliegenden Verbindlichkeiten nicht entsprochen haben.“ Der Ausschluß von der Börse war freilich auch vor dem Gesetze vom 1. April 1875 (in Wirksamkeit seit 8. Mai 1875) schon Folge der

---

*) Dieselbe Restriction s. in der italienischen Gesetzgebung.

**) Vgl. Motive des französ. Gesetzentwurfs S. 35.

Nichterfüllung von Börsenverbindlichkeiten, aber die einzige Folge; nunmehr steht neben dieser Folge die andere, empfindlichere, nemlich die Einklagung der geschuldeten Differenzenbeträge u. dgl., soweit dieselben aus Börsengeschäften geschuldet werden. Die Folge davon ist, daß die Einrede des Spieles die Bedeutung eines Fluchtmittels für Börsenspeculanten verloren hat; beim Krache von 1873 kam es nicht selten vor, daß sehr wohlhabende Leute sich ihren Börsenverbindlichkeiten durch jene Einrede entzogen und einfach darauf verzichteten, die Börse zu besuchen, — aus der Zeit der Wirksamkeit des Gesetzes von 1875 ist ein derartiger Fall nicht bekannt geworden; es ist begreiflich, daß die schweren Folgen einer Börsenkatastrophe leichter bei Zahlungen aller Betheiligten als bei Zahlungsflucht Einzelner derselben getragen werden.

Hat Jemand die Qualität zum Börsenbesuche verloren oder nicht erlangt, so steht ihm nach österr. Rechte die Einrede des Spiels zu gegen diejenigen Forderungen, welche auf Differenzgeschäfte, die er abgeschlossen, gegründet sind. Die wohlthätige Wirkung des österr. Börsengesetzes, über welche nur Eine Stimme herrscht, ist demnach zunächst auf den Kreis der Börsenbesucher beschränkt.

V.

Die Rechtssprechung, welche sich in Frankreich zunächst im Anschlusse an den Code civil und den Code de comm. herausbildete, hielt Lieferungsgeschäfte aller Art für klagbar, ohne Rücksicht darauf, ob Waare oder Preis vorher dem das Geschäft vermittelnden Agent de change übergeben worden oder nicht, und die Klagbarkeit dieser Geschäfte wurde keinenfalls durch die auf Art. 1965 des Code civil gegründete Einrede des Spiels beeinträchtigt;*) ein Umschlag in der Rechtssprechung trat vom Jahre 1823 an ein: die Veränderung gründete sich darauf, daß man annahm, der Code de comm. habe ältere Staatsrathsbeschlüsse stillschweigend in Kraft behalten: hierher gehört vor Allem der Staatsrathsbeschluß vom 24. September 1724 Art. 25,**) durch welchen in Reaction auf das System Law***) alle Lieferungsgeschäfte dadurch ausgeschlossen wurden,

*) S. Ministerialbericht, in Drucksache Nr. 911 der französ. Abgeordnetenkammer, 3. Legislaturperiode, Session 1882, S. 5 und Bericht der Commission der französ. Abgeordnetenkammer, verfaßt von Alfred Naquet, Beilage zum Protokoll der Sitzung vom 20. Juli 1882 (Session 1882, Drucksache Nr. 1196) S. 12.

**) Vgl. Commissionsbericht (Naquet) S. 6, 7.

***) Hierüber s. Max Wirth, Geschichte der Handelskrisen, 3. Aufl. 1883 S. 32 ff.

daß die Börsenagenten von ihren Auftraggebern vor Beginn der Börse die Papiere bzw. die Geldmittel, über welche sie die Geschäfte Anderer abschließen sollten, effectiv fordern und sodann jeden Kauf am Tage seines Abschlusses zum Vollzuge bringen mußten; jedes auf Zeit abgeschlossene Lieferungsgeschäft war somit verboten, war nichtig, und dieser Tendenz folgte nicht bloß die Gesetzgebung des Königreichs von 1785*) und 1786,**) sondern auch die der Revolution.***) Die auf dieses ältere Recht zurückgreifende Jurisprudenz fand übrigens auch in der neueren Gesetzgebung Anhaltspunkte für jene die Lieferungsgeschäfte ausschließende Richtung: sie stützte sich auf Art. 85 Abs. 3 des Code de comm., welcher den Börsenagenten verbietet, für Rechnung ihrer Auftraggeber zu empfangen oder zu zahlen, und auf Art. 86 dess. Code, durch welchen den Agenten verboten ist, sich in den von ihnen vermittelten Käufen zu verbürgen; die Art, wie diese Artikel zum Schutze der Tendenz des Verbots von 1724 verwendet wurden, macht freilich den Eindruck der Gewaltthätigkeit: die neueren Gesetzesparagraphen sind — so zu sagen an den Haaren herbeigezogen, aber diese Methode folgte der Tendenz, welcher die französischen Gerichte, nur die Klagbarkeit der gedeckten Cassageschäfte anerkennend, von 1823—1832 huldigten.

Vom letztgenannten Jahre an constatiert der Bericht der Justizministerialkommission von 1882 abermals einen Umschwung; †) zahlreiche Entscheidungen, welche zwischen den Jahren 1832 und 1848 ergingen, erklärten die Lieferungsgeschäfte für nichtig auf Seite des Verkäufers, wenn dieser nicht vorher die Verkaufsobjecte, die Effecten deponiert hatte, während sie gleichzeitig anerkannten, daß zur Gültigkeit des Geschäfts die vorgängige Deponierung des Kaufpreises der gekauften Effecten nicht erforderlich sei; im Verhältniß zwischen Käufern und ihren Vermittlern wurden daher die Lieferungsgeschäfte, auch die à découvert abgeschlossenen, als gültig betrachtet; nur behielten sich die Gerichte vor, nach der Sachlage auf Grund des Art. 1965 des Code civil das Geschäft auf Seite des Käufers als ein Spiel zu erklären und damit die Klagbarkeit des zwischen dem Käufer und seinem beauftragten Mäkler bestehenden Verhältnisses

*) Arrêt du 7. août 1785 art. 7 und arrêt du 2. octobre 1785, s. Naquet's Bericht S. 7.

**) Arrêt du 22. septembre 1786, s. Naquet a. a. O. S. 8.

***) Loi du 8. mai 1791, loi du 27. juin 1792, décret du 13. fructidor an III. et loi du 28. vendémiaire an IV. sur la police de la Bourse und arrêté du 27. prairial an X. concernant les bourses de commerce.

†) Vgl. auch den Commissionsbericht (Naquet's) S. 13.

aufzuheben, eine Entscheidung, zu welcher die Gerichte dann schritten, wenn thatsächlich festgestellt war, daß der Käufer nicht beabsichtigte, sich die gekauften Werthpapiere liefern zu lassen, sondern nur auf die Coursdifferenz speculierte.

Vom Jahre 1848 an bürgerte sich bei den französischen Gerichten die Ansicht ein, daß die Differenzgeschäfte zwar nicht verboten, aber auch nicht klagbar seien: man nahm an, sie seien erlaubte Spiele oder Wetten, schloß aber jede Klagbarkeit derselben aus, und zwar sowohl im Verhältniß der vermittelnden Wechselagenten unter einander als auch im Verhältniß der Auftraggeber zu diesen ihren Beauftragten und umgekehrt. Zu diesen Annahmen konnte die Jurisprudenz selbstverständlich nur dann gelangen, wenn feststand, daß die effective Lieferung der Waare, der Werthpapiere nicht beabsichtigt war: es drehte sich demnach Alles um die Thatfrage: Hatte die Partei die Effectivlieferung im Sinne oder nicht? Ergab die hierin souveräne richterliche Prüfung, daß eine der beiden Parteien nicht die Absicht hatte, die Reallieferung der Werthpapiere zu effectuieren bzw. (als Käufer) zu empfangen, so war die Einrede des Spieles gegenüber dem auf Zahlung der Differenz klagenden Wechselagenten zulässig, vorausgesetzt, daß angenommen werden konnte, der Agent der Gegenpartei habe die bloße Spiel-Absicht seines Auftraggebers gekannt. War zwar die Absicht des auftraggebenden Käufers oder Verkäufers auf bloße Differenzspeculation gerichtet, die des von dieser Partei gewählten Wechselagenten aber auf Reallieferung, so ist die Einrede des Spiels ausgeschlossen. Diese Rechtsprechung leidet begreiflicherweise an dem Mangel sicherer Erkenntnißmittel ihres unsichtbaren Drehpunktes, nemlich der Absicht der Contrahenten und ihrer beauftragten Agenten; man war daher bemüht, äußerliche Umstände, selbst solche, die thatsächlich erst nach dem Geschäftsabschlusse eintreten, zur Entscheidung der Frage nach der Parteiabsicht herbeizuziehen; so verlegten sich die Gerichte darauf, zu prüfen, ob die Parteien ihrer Vermögenslage nach im Stande seien, die Werthpapiere effectiv zu liefern bzw. effectiv zu bezahlen, ob nicht ein zu großes Mißverhältniß zwischen dem Vermögen derselben und der Höhe der vorliegenden Engagements vorliege, ob die Parteien gewerbs-, gewohnheitsmäßige Spieler seien, oder dgl. War schon hierdurch Raum, ja Veranlassung zu großen Widersprüchen in der Praxis gegeben, so steigerte sich die Verwirrung noch dadurch, daß Zeitkäufe über Staatspapiere von einzelnen Gerichten anders behandelt wurden als die über andere Werthe abgeschlossenen Lieferungsgeschäfte; der Grund dieser divergenten Auffassung liegt in den Art. 421 u. 422 des Code pénal, durch welche unter bestimmten

Voraussetzungen Zeitkäufe über „effets publics“ als strafbare Wetten bezeichnet und mit Strafe bedroht sind, folglich — schon auf Grund des Art. 1131 des Code civil, wegen injusta causa — klaglos sein müssen. Diese Auffassung führt so weit, daß einzelne Gerichtshöfe eine Art gesetzlicher Vermuthung für Spiel und Klaglosigkeit dann streiten lassen, wenn es sich um Zeitgeschäfte über Staatspapiere (effets publics) handelt, eine Vermuthung, die durch Gegenbeweis zerstört werden kann. Weitere Verschiedenheiten hat die Rechtsprechung insofern erzeugt, als die Einrede des Spiels von den Gerichten mitunter von Amtswegen suppliert, auch in der Appellationsinstanz noch zugelassen wird, während andere Gerichte die Einlegung dieser Einrede in der ersten Instanz und Seitens einer Partei ausdrücklich voraussetzen, die Handelsgerichte überhaupt der Spieleinrede weniger günstig sind.

Dasselbe Bild der Unsicherheit, welches die französische Gesetzgebung in Bezug auf die Grundlagen, dasselbe Bild der Zerfahrenheit, welches die Rechtsprechung der französischen Gerichte in Bezug auf die Anwendung des Rechts der Differenzgeschäfte bietet, dasselbe Bild zeigt auch die Literatur dieser Frage: der ministerielle Bericht von 1882 theilt die daselbst herrschenden Ansichten in drei Gruppen: die der ersten Gruppe angehörenden Schriftsteller (Buchère, Aubry und Rau, Laurent, Mollot, Pont) schließen sich wesentlich den in der Gerichtspraxis gegenwärtig herrschenden Ansichten an; eine zweite Gruppe hält die ohne Hinterlegung abgeschlossenen Zeitgeschäfte sammt und sonders — wie die Rechtsprechung von 1823 bis 1832 gethan — für verboten (Bozérian, Bravard Veyrières und Demangeat); Andere endlich unterscheiden ernstgemeinte und fingierte Zeitgeschäfte, auf letztere wenden sie Art. 1965 des Code civil an und für ernsthaft gemeinte Lieferungsgeschäfte halten sie diejenigen Käufe, in denen der Käufer das Recht hat, auf der Effectivlieferung der Waare zu bestehen (Frémery, Guillard, Leveillé, Ambroise Rendu (père), Ambroise Rendu (fils), Badon-Pascal).

Den äußeren Anstoß zur erneuten gesetzgeberischen Behandlung der Frage der Klagbarkeit der Differenzgeschäfte in Frankreich gaben die finanziellen Ereignisse des Januar 1882: der Deputierte Alfred Naquet brachte am 6. Februar 1882 den Antrag an die Deputiertenkammer, ein Gesetz zu veranlassen, durch welches die Einrede des Spieles gegenüber der Klage auf Zahlung aus ungedeckten Zeitgeschäften (marchés à terme et à découvert), mithin Differenzgeschäften ausgeschlossen sein solle. Dem Sinne nach dasselbe wollte ein am 13. Februar l. J. ebenda eingebrachter Antrag des Abg. Janvier de la Motte. Beide

Anträge wurden einer Commission überwiesen, und eben dieser Commission ging unterm 5. Juni 1882 ein Gesetzentwurf*) seitens der Regierung über dieselbe Frage zu. Dieser Entwurf ist von Motiven begleitet, welche in Form eines Berichtes ausgedrückt sind, den eine Commission des Justizministeriums dem Siegelbewahrer (Justizminister) erstattete.

Merkwürdiger Weise glaubte man in Frankreich in den Jahren 1843 und 1856 den geschilderten Wirrnissen auf dem Wege einer Regierungsverordnung, nemlich einer auf Art. 90 des Cod. de comm. gegründeten Reglements über die Formen und den Vollzug der Zeitgeschäfte entfliehen zu können. Mit Recht bezeichnet die Ministerialcommission diesen Weg als unzulässig und verlangt die Intervention des Gesetzgebers; die Giltigkeit der Zeitgeschäfte stehe in Frage, diese könne nur durch Gesetz ausgesprochen werden und es sei, nimmt die die Ministerialcommission von 1882 an, absolut nothwendig, diese Giltigkeit ausdrücklich auszusprechen und jede entgegenstehende ältere Bestimmung ausdrücklich als aufgehoben zu bezeichnen.

Die Gründe, aus denen die Commission zu diesem Entschlusse gelangt, sind kurz gefaßt:

die Zeitgeschäfte sind unentbehrlich für den Staatscredit,

sie sind von höchster Wichtigkeit für die Unterbringung der Actien der großen finanziellen, industriellen Gesellschaften,

insbesondere waren, fährt der Bericht fort,**) sie nöthig, dem Staate die enormen Summen zu verschaffen, deren er zuweilen bedurfte, um großartige öffentliche Arbeiten durchzuführen, um zu den Kosten glücklicher Kriege beizutragen oder um das nöthige Entgelt zu entrichten für die Evacuation des Landes nach den Mißgeschicken des ersten und zweiten Kaiserreiches, und

ebenso waren diese Geschäfte nöthig, um die beträchtlichen Capitalmassen zu vereinigen, welche der Bau der Eisenbahnen erheischte.

Von diesen Grunderwägungen geleitet schlägt die Commission und der Gesetzentwurf***) vor mit Gesetzeskraft auszusprechen:

---

*) Chambre des Députés. Troisième Legislature. Session 1882 Nr. 911.

**) Nr. 911 p. 13.

***) Article 1. Tous marchés à terme sur effets publics et autres, tous marchés à livrer sur denrées et marchandises, sont reconnus légaux.

Nul ne peut, pour se soustraire aux obligations qui en résultent, se prévaloir de l'article 1965 du Code civil, lorsque l'acheteur a le droit d'exiger la livraison ou lorsque le vendeur a le droit de l'imposer.

Art. 2. Les articles 421 et 422 du Code pénal sont abrogés.

Alle Zeitgeschäfte über öffentliche oder andere Werthpapiere, alle Lieferungskäufe über Waaren aller Art sind giltig; *) Niemand kann sich, um sich den hieraus entspringenden Verbindlichkeiten zu entziehen, auf den Art. 1965 des Code civil berufen, wenn der Käufer das Recht hat die Reallieferung zu fordern oder wenn der Verkäufer das Recht hat sie zu machen. (Art. 1.) Die Artikel 421 und 422 des Code pénal sind aufgehoben. (Art. 2.) **) Ebenso sind aufgehoben die Bestimmungen der Staatsrathsbeschlüsse vom 24. September 1724, 7. August, 2. October und 22. September 1786, die Art. 15 Cap. I und Art. 4 Cap. II Gesetz vom 28. vendem. IV, Art. 13 des Beschlusses vom 27. prair. X und die Art. 85 § 3 und 86 des Code de comm. (Art. 3.) ***) Die Aufstellung der Vollzugsbedingungen der Zeitgeschäfte wird, wie durch Art. 90 des Code de comm. geschehen, dem Verordnungswege vorbehalten. (Art. 4.) Die Bestimmungen des Art. 419 des Code pénal sind auch auf andere als öffentliche Werthpapiere anwendbar. (Art. 5.)

Dieser Regierungsentwurf wurde einer Elfercommission der Deputiertenkammer überwiesen: ein ausführlicher Bericht, verfaßt von dem Dep. Alfred Naquet, ein Bericht, welcher wohl verdiente in Deutschland seinem ganzen Umfange nach bekannt und gewürdigt zu werden, schloß die Commissionsverhandlungen mit dem Ergebniß der Annahme des Regierungsentwurfes ab; nur in einem einzigen, allerdings sehr wesentlichen Punkte wich die Commission von dem Gesetzentwurfe der Regierung ab: sie strich dem letzten Satz des Art. 1, nämlich die Voraussetzung, daß der Käufer oder der Verkäufer auf Reallieferung solle bestehen dürfen, und setzte an dessen Stelle die

---

Art. 3. Sont abrogées les dispositions des anciens arrêts du Conseil des 24. septembre 1724, 7. août—2. octobre 1785 et 22. septembre 1786, les articles 15, chapitre Ier, 4, chapitre II de la loi du 28. vendémiaire an IV, 13. de l'arrêt du 27. pairial an X, les articles 85, § 3, et 86 du Code de commerce.

Art. 4. Les conditions d'exécution des marchés à terme par les agents de change seront fixées par le règlement d'administration publique prévu par l'article 90 du Code de commerce.

Art. 5. Les dispositions de l'article 419 du Code pénal sont applicables aux effets autres que les effets publics.

*) Auch die Prämiengeschäfte; von denen sagt der ministerielle Bericht: les marchés à prime offrent même un avantage sur les marchés fermes: la perte y est nécessairement limitée à un maximum qui est le montant de la prime (p. 14).

**) Durch diese werden Wetten auf das Steigen und Sinken von öffentlichen Werthpapieren unter besonderen Voraussetzungen mit Strafe bedroht (p. 15).

***) Vgl. oben S. 14.

ausdrückliche Zulässigkeit der sog. reinen Differenzgeschäfte, indem sie die Anwendbarkeit des Art. 1965 selbst für den Fall ausschloß, daß nur die Differenzenzahlung gewollt erscheint.*) Der Justizminister erklärte, daß die Regierung diesem Beschlusse der Commission vollständig beitrete.

VI.

Die unternommene Rundschau ergiebt zur Genüge, wie die Sache in Bezug auf die rechtliche Gültigkeit der Differenzgeschäfte momentan liegt: allenthalben werden alte, diese Geschäfte hemmende oder gar unter Strafe ausschließende Gesetze angefochten oder umgangen oder abgeschafft; die Zeit des Kampfes, des Uebergangs ist voll von Zweifeln, Unsicherheit und Bedenken, aber die Richtung steht fest: das Ziel der Bewegung ist die volle rechtliche Anerkennung der Klagbarkeit der Differenzgeschäfte.

Diese Anerkennung ist zunächst völlig unverfänglich bei denjenigen Geschäften, welche wir als uneigentliche oder gemischte Differenzgeschäfte bezeichnet haben; denn daß die zwei Contrahenten ihren Kaufvertrag durch ihre Willensübereinstimmung hinterher ganz oder theilweise aufheben, das ursprünglich gewollte Leistungsobject durch ein anderes inhaltlich nachfolgender oder eventueller Willenseinigung ersetzen können, ist nach allen Rechten außer Zweifel.**)

Es könnte sich also nur darum handeln, das sog. reine Differenzgeschäft zu unterdrücken oder als klagbar zu erklären.

Allein hierbei macht sich vor Allem geltend, daß solche Geschäfte thatsächlich im großen Verkehr nicht vorkommen; wie bereits oben (Seite 3, 4) bemerkt, sind die Geschäftsabschlüsse durchweg von vorneherein auf Reallieferung gerichtet; die Berichte der Sachverständigen, die Gutachten der commerciellen Behörden und die Bedingungen und Usancen der Börsen stimmen darin überein,***) daß an den Börsen und überhaupt im Verkehre keine Verträge mit der Klausel des

---

*) Art. 1. Tous marchés à terme sur effets publics et autres, tous marchés à livrer sur denrées et marchandises sont reconnus légaux.

Nul ne peut, pour se soustraire aux obligations qui en résultent, se prévaloir de l'art. 1965 du Code civil, lors même qu'ils devraient se résoudre par le payement d'une simple différence.

**) Vgl. Laband a. a. O. S. 42.

***) Struck a. a. O. S. 59, 60, 29, 32, 33; Motive des französ. Gesetzentwurfs S. 18, 19, 20; Französ. Commissionsbericht (Naquet) S. 40, 53; Pariser Parere von 1824 und von 1842, abgedruckt im Commissionsbericht S. 54, 55; Grünhut a. a. O. S. 8 ff.; Laband a. a. O. S. 42; Gustav Cohn, Zeitgeschäfte und Differenzgeschäfte, 1867 S. 11, 12.

Ausschlusses der Reallieferung abgeschlossen werden: alle Differenzgeschäfte sind als wirkliche Käufe abgeschlossen und gemeint, die Schlußzettel der Mäkler lauten nur auf Kauf und Verkauf und erst die Abwicklung, die Liquidation führt zur Zahlung und dem Empfange von bloßen Differenzen. Thatsächlich giebt es keine reinen Differenzgeschäfte, überall kann der Käufer auf Lieferung, der Verkäufer auf Abnahme bestehen, und thut es der Eine oder der Andere, so kommt dadurch die Gegenpartei nicht in Verlegenheit, die Börse würde das Gewünschte am Erfüllungstage liefern oder abnehmen,*) aber es ist das in jene Kette von Geschäften verschlungene Interesse der beiden Contrahenten in den weitaus vorherrschenden Fällen selbst, die Abwickelung mittels Differenzenzahlung hinterher der Reallieferung bzw. -abnahme vorzuziehen. Ob die Parteien diesen Fall von vorneherein ausschließlich in's Auge fassen, ist der Vereinbarung, der Correspondenz, den Schlußzetteln nicht abzusehen. Es fehlt demnach an einem sicheren Kriterium, die Reallieferungsgeschäfte von den „reinen Differenzgeschäften" zu unterscheiden und damit verbietet es sich auch, die letzteren juristisch anders zu behandeln als die ersteren.

Hiezu liegt aber auch keine Veranlassung vor; die gesetzgeberisch unmögliche Unterscheidung wäre auch unnöthig, denn die Differenzgeschäfte haben nicht nur Nachtheile, die von den Anhängern der Repression ausschließlich in's Licht gestellt werden, sondern auch Vortheile, **Vortheile**, die der **Handel**, ja die gesammte **Volks**- und die **Staatswirthschaft nicht entbehren kann**.

Wer von den Schäden des Differenzgeschäftes spricht, beginnt in der Regel damit, dasselbe als ein verderbliches **Spiel** oder als **Wette** zu bezeichnen. Deshalb sei hier vorausgeschickt, daß die juristischen Begriffe von Spiel und Wette auf das Differenzgeschäft absolut nicht passen. (Vgl. **Thöl** a. a. O. § 307.)

Das Spiel setzt stets eine menschliche Thätigkeit voraus, durch welche entweder (wie bei den gymnastischen Spielen) der den Spielausgang direct entscheidende Umstand oder (wie bei den Hazardspielen) die nach Anordnung eines gewissen Verfahrens, nemlich des Spiels im engeren Sinne, dem Zufalle überwiesene Entscheidung thatsächlich herbeigeführt wird. An einer solchen menschlichen Thätigkeit fehlt es im Differenzgeschäft völlig; die Bestellung einer Anzahl von Actien,

*) Man vergleiche die Antwort, welche der Syndicus der Pariser Börse auf die desfallsige Frage Napoleon's bei der Berathung des code pénal gab, s. **Grünhut** a. a. O. S. 9 Anm. 1.

lieferbar ultimo, ist nicht mit dem Auswerfen einer Karte, nicht mit dem Schütteln des Würfelbechers, nicht mit dem Wurf der Kugel vergleichbar; wohl ist sie vergleichbar mit dem Ankaufe eines Bauplatzes — beides sind Käufe — und wenn der Actienbesteller am Ultimo statt der Actien die Summe erhält, um welche der Cours gestiegen ist, so ist der Kauf dadurch so wenig ein Spiel geworden, als der Erwerb des Bauplatzes ein Spiel dadurch wird, daß der Käufer nicht selbst das Haus darauf baut, sondern den Platz an einen Bauunternehmer verkauft. Das Ereigniß, durch welches Differenzgewinn oder Differenzverlust herbeigeführt wird, läßt sich in keiner Weise durch menschliche Handlung unter Mitwirkung der Spielenden herbeiführen; die Solvenz einer Actiengesellschaft, die Rentabilität eines Berg- und Hüttenwerks, die Zahlungsfähigkeit eines Staates, der Ausgang einer Staatsaction, die glückliche Anlage eines Eisenbahnnetzes — solche Umstände sind, von denen der Cours der Speculationspapiere abhängt, Umstände, welche durch die „Spieler" nicht herbeigeführt werden können, auch nicht in der Weise, daß die Alternative des Eintritts oder Nichteintritts von den Theilnehmern activ gestellt werden könnte, wie sie von den Theilnehmern eines Karten- oder Würfel- oder Roulettspiels gestellt wird; zudem entbehrt das Spiel (im juristischen Sinne des Wortes) aller weitergehenden Bedeutung; mindestens kann ihm Niemand vortheilhafte Einwirkung auf das Gemeinwesen nachrühmen; ob in einem Staat täglich 1000 Menschen Scat spielen oder nicht, ist für das Gemeinwesen völlig gleichgültig, — ob 1000 Menschen in Differenzen speculieren oder nicht, ist für das Gemeinwesen keineswegs ohne Bedeutung; der Ausfall eines Würfelspiels hängt weder in Ursache noch in Wirkung mit öffentlichen Angelegenheiten zusammen, die Differenzenspeculation in der Regel sowohl in der Ursache als in der Wirkung. Es ist das Spiel nie von Nutzen für das Gemeinwesen, zum Mindestens das Hazardspiel nie von Nutzen, meist von Schaden, wohl aber nützt die Speculation der Börse, das Speculieren der Privaten dem Gemeinwesen.

Weit näher als dem Spielbegriffe*) liegt das Differenzgeschäft dem Wettbegriffe. Wenn dieses Geschäft in der Weise abgeschlossen würde — wie eine irrthüuliche Theorie oder Tendenz es sich und Anderen vorstellt —, daß der eine Contrahent dem andern verspricht bei Steigen des Werthpapiers das Plus, der andere dem einen beim Fallen desselben das Minus zu bezahlen, so könnte man gewaltthätig

*) Es nennt auch die Konk.Ord. (§ 210) den Differenzenhandel nicht Spiel, sondern neben dem Spiel coordiniert.

interpretierend den Wettbegriff anwenden; denn die Wette besteht darin, daß der Eine dem Andern für den Fall der Nichtbewährung einer von dem Ersteren aufgestellten Behauptung eine Leistung verspricht; und man könnte nun sagen, für den Haussefall hat der Eine, für den Baissefall hat der Andere eine Leistung dem Gegner versprochen. Aber sofort zeigen sich bedenkliche Unterschiede, zunächst im Ausgangspunkte; der Wettende beginnt mit einer Behauptung (z. B. ich wette, daß das Pferd Hector gewinnt, die Rudergesellschaft X siegt, das Wetter morgen schön sein wird); daran reiht sich in mehr oder weniger gewinnsüchtiger Weise das Leistungsversprechen; an jener Behauptung fehlt es im Differenzgeschäft völlig; wer auf Zeit kauft oder verkauft, der behauptet — gar Nichts, — er kauft und bzw. verkauft eben, ohne auch nur entfernt die Absicht zu haben, seinen Gegner von der Richtigkeit einer Vermuthung zu überzeugen, — es fehlt in den Differenzgeschäften an der Behauptung, welche durch ein bedingtes Leistungsversprechen verstärkt werden soll. Auch in der variablen vom Zufall abhängigen Höhe der Differenz und in der stabilen nur durch die Vereinbarung bestimmten Höhe der Wettsumme liegt ein wohlzubeachtender Unterschied. Die Hauptsache aber ist die fundamentale Verschiedenheit der beiden Geschäfte. Der Börsenspeculant, selbst Derjenige, der es von vorneherein nur auf die Differenz abgesehen haben soll, tritt stets als Käufer oder Verkäufer auf; er giebt z. B., um einen regelmäßigen Fall herauszugreifen, einem Mäkler, oder seinem Banquier (gleichviel ob dieser als Commissionär handeln soll oder als Selbsthändler eintreten darf) den Auftrag zu dem und dem Course zu kaufen, zu dem und dem zu verkaufen; die Aufträge werden vollzogen und verschwinden in der Fluth der gleichlautenden Aufträge, der Auftraggeber erhält nach Abwicklung des Compensationsgeschäftes die Differenz oder bezahlt sie, es haben Hunderte gekauft, Hunderte verkauft, die Differenzen werden bezahlt und genommen, aber von einem Wetten der Einen mit den Andern, von juristischen Wettverträgen der Haussiers etwa mit der Contremine ist nicht eine Spur zu bemerken. Wer den Börsenverkehr kennt und mit juristischem Maße mißt, der kann unmöglich auf den Gedanken kommen, daß Zeitkäufe — denn das sind und bleiben die Differenzgeschäfte — rechtlich betrachtet Spiel- oder Wettverträge seien.*)

---

*) Vgl. Laband a. a. O. S. 42; Französ. Commiss. Bericht S. 37, 44 ff.; Grünhut a. a. O. S. 10 und die Anm. 4 (§ 279) ebenda angegebene Literatur. Man könnte vom Börsen„spiel" höchstens in der Bedeutung „Spiel" sprechen, wie man von einem Spielen mit dem Feuer spricht. Sind die civilistischen

Da die Zeitgeschäfte, selbst wenn sie mit bloßen Differenzenzahlungen enden, insgesammt auf Grund realer Angebote und realer Nachfragen abgeschlossen werden, so erzeugen sie, gleichviel wie der Ausgang ist, weiterhin wirkliche Nachfragen und wirkliche Angebote; darin liegt einer der wesentlichsten Vortheile dieser Geschäfte; sie sind dem Staatscredit, den großen industriellen und commerciellen Unternehmungen ganz unentbehrlich; das haben alle Staatsmänner eingesehen, welche sich mit der Sache befaßten, seit die Börse Bedeutung gewann. Da man die mit Differenzenzahlung endenden Zeitgeschäfte nicht von den mit Reallieferung bzw. -abnahme endenden unterscheiden kann, so müßte man, wenn man die ersteren unterdrücken wollte, auch die letzteren unterdrücken, — dann würde die Einführung und Unterbringung der Staatsschuldscheine, der Actien und Obligationen großer Unternehmungsgesellschaften unsäglichen Schwierigkeiten unterliegen, nach der Meinung hervorragender Finanzmänner sogar unmöglich sein und damit der Staats- und Gesellschaftscredit gelähmt und der Ausdehnung der Industrie und des Verkehrswesens die lästigste Schranke gesetzt werden.*)

Begriffe „Spiel“ und „Wette“ auf das Differenzgeschäft nicht anwendbar, so fallen die gewöhnlich gebrauchten civilistischen Anfechtungsgründe dieser Geschäftsart weg.

*) Dieser Gesichtspunkt ist insbesondere in den den neuen französischen Gesetzentwurf begleitenden Actenstücken, sowohl den Motiven des Regierungsentwurfs als dem Commissionsbericht v. 22. Juli ausführlich zu Geltung gebracht (s. oben S. 17. Vgl. Reg. Motive S. 13 ff., Comm.Bericht S. 37 ff.). Den nemlichen Gedanken erörtert wiederholt auch Emil Struck a. a. O. S. 89, 90, 92. — Die preußische Regierung lieh der Einsicht von der Nothwendigkeit der Börse und ihrer Geschäfte beredten Ausdruck in den Motiven des die Abschaffung der Verordnungen von 1836, 1840, 1844 bezweckenden Gesetzentwurfes, in welchen es (s. Gustav Cohn a. a. O. S. 38 ff.) unter Anderm heißt: „Seitdem zuerst die häufige Wiederkehr außerordentlicher Geldbedürfnisse der Regierungen, später die mit dem fortschreitenden Wohlstande der Nationen sich mehrende Anzahl industrieller Actiengesellschaften, eine große Menge geldwerther, zu Capitalanlagen geeigneter Papiere geschaffen hatte, wurde die öffentliche Aufmerksamkeit bald auf die Erscheinungen gelenkt, welche der Umsatz dieser Effecten an den Fondsbörsen mit sich brachte. Man nahm wahr, daß die Verkäufe, welche in dergleichen Papieren gemacht wurden, einen weit größeren Umfang erreichten, als solcher lediglich durch das Bedürfniß, Capital anzulegen und herauszuziehen, sich erklären ließ. Die Ursache beruhte in den Coursschwankungen, denen derartige Werthpapiere mehr als andere Handelsartikel ausgesetzt sind, und welche Gelegenheit boten, durch wiederholte Umsätze in kurzer Zeit namhafte Gewinne zu realisieren, Gewinne, welche zu dem in andern Geschäften sich darbietenden bescheidenen Verdienste um so mehr außer Verhältniß standen, je mehr man für die zu machenden Speculationen die Form der Zeit- oder Lieferungsverträge zu Hülfe nahm, bei welchen es eines in dem Geschäfte selbst anzulegenden Capitals nicht weiter bedurfte und die abge-

Von zwei Ländern, deren eines einen entwickelten Börsenverkehr

---

schlossenen Verträge durch einfache Zahlung der Coursdifferenz abgewickelt wurden. Auch die preußische Regierung wurde frühzeitig auf die Uebelstände, welche diese Art der Börsenoperationen mit sich führt, aufmerksam gemacht: man verwies auf die große Anzahl von Personen, welche, statt ihr Vermögen, Thätigkeit, Erfindungsgeist productiv arbeiten zu lassen, solche lediglich einer Speculation zuwandten, deren Gewinn nicht aus einer durch sie geschaffenen Vermehrung des Nationalwohlstandes geschöpft, sondern lediglich auf dem Verluste Anderer begründet sei; man machte bemerklich, wie die Sucht, mit leichter Mühe reich zu werden, auch solche Klassen der Bevölkerung, deren Beruf ganz außerhalb des Capitalmarktes liege und die von dessen geheimen Operationen nichts verstehen, der Fondsbörse zuführe und der Ausbeutung durch gewissenlose Speculanten und provisionsbegierige Vermittler überliefern; man befürchtete von einer weiteren Ausbreitung dieser Erscheinungen eine bedauerliche Beeinträchtigung nutzbarer Thätigkeit und eine gefährliche moralische Verwilderung des Volkscharakters. — Als Mittel dagegen wurde, nach dem Beispiel ausländischer Gesetzgebungen, vorgeschlagen, die Lieferungsverträge über Börseneffecten dem Spiel gesetzlich gleichzusetzen. Man ging davon aus, daß bei der großen Mehrzahl derartiger Verträge weder der Verkäufer noch der Käufer eine wirkliche Lieferung, sondern daß beide nur die eventuelle Berechnung der Coursdifferenz im Sinne haben; daß ein derartiges Uebereinkommen nicht mehr die Natur eines Handelsgeschäfts, sondern einer Wette habe und gesetzlich dieser auch gleichzustellen sei, und nur dann ein Lieferungsvertrag über Effecten verbindlich, *wenn der Werth hinterlegt worden*. — Die preußische Regierung fand diesen Vorschlag nicht gerechtfertigt. Sie glaubte, bei wiederholter Berathung des Gegenstandes, den Standpunkt festhalten zu müssen, daß der Effectenhandel, wenn er überhaupt bestehen solle, auch die Form der Lieferungsverträge, welche bei jedesmaliger Hinterlegung ihres Objectes eine Unmöglichkeit werden würde, nicht entbehren könnte; daß dieser Handel selbst, wenn nicht wichtige Staatsinteressen gefährdet werden sollten, nicht verhindert und in seiner freien Bewegung nicht beeinträchtigt werden dürfe. — — — Die Consequenz dieses Standpunktes wurde indessen aufgegeben, nachdem seit Mitte der 30er Jahre wiederholte Erschütterungen des Geldmarktes, welche in Folge übertriebener Effectenspeculationen eingetreten waren, weit verbreitete Verluste mit sich geführt, was der Regierung die ernste Erwägung nahe legte, ob es nicht ihr Beruf, die Unterthanen vor Schaden zu bewahren und die Börse durch Beschränkung des Effectengeschäfts auf einen solideren Kreis von Unternehmungen zurückzuführen. Auch jetzt ließ man sich nicht zu der Theorie im Allgemeinen bestimmen: „Lieferungsgeschäfte in Effecten sind Spiel;" sondern man wandte sie nur immer auf die Gattung von Effecten an, auf welche die Speculation sich gerade geworfen: so 1836, wo die *spanischen* Papiere durch den Verfall der spanischen Finanzen und die verschiedenen Versuche, sie zu heben, starken Schwankungen unterworfen waren; 1840 alle *ausländischen* Papiere, weil damals verschiedene auf preußisches Capital berechnete Unternehmungen im Auslande an der Tagesordnung waren, deren sich die Agiotage mit besonderer Vorliebe bemächtigte; dann 1844 maßlose Uebertreibung der Eisenbahnprojecte mit der Erscheinung, daß eine sehr große Menge Papiere mit kleinen Einzahlungen gehandelt wurde, was namentlich auch das über geringe Mittel disponirende Publicum heranlockte. — Der übereinstimmende Inhalt der 3 Gesetze ist: Lieferungsverträge in den betreffenden Papieren sind nicht verbindlich (klagbar) und die Mäkler sind gebunden, besitzt, durch den mittels täglich abgeschlossener Zeitgeschäfte der

---

dergleichen nicht abzuschließen. — — — Die Aufnahme, welche die Verordnungen bei dem betheiligten Publicum gefunden, ist von Anfang an eine überwiegend ungünstige gewesen. Seit 1844 haben fast jährlich die Aeltesten der Berliner Kaufmannschaft um Aufhebung gebeten. Sie und andere Corporationen haben erklärt, die Verordnungen dienen dem beabsichtigten Zwecke nicht, schaden vielmehr noch; — — die Erfahrungen der berliner Börse bezeugen das: der Handel in allen verbotenen Papieren wird um nichts weniger getrieben, und gerade die Volksklassen, welche die Verordnungen ausschließen wollten, nehmen an den Börsenspeculationen großen Antheil; — der Nachtheil aber besteht darin: die Geldverhältnisse der Regierungen sowohl als der Privatverkehr machen die Existenz großer Fondsbörsen zu einem Bedürfnisse, und es ist ein Gewinn für Preußen, daß es in Berlin eine derartige Börse besitzt und nicht auf ausländische Capitalmärkte angewiesen ist. Wenn ein derartiger Markt aber überhaupt seine Aufgabe erfüllen soll, so kann derselbe sich ebensowenig, wie ein Weltmarkt für andere Handelsgüter, in seinen Beständen auf die Gegenstände des localen und unmittelbaren Bedarfs beschränken, noch kann er für seine Umsätze das Lieferungsgeschäft entbehren; das Erste nicht, weil Angebot und Nachfrage sich nicht blos nach dem örtlichen Bedürfnisse der näheren Umgebungen bestimmt, sondern der Ueberfluß oder Mangel der verschiedenen Börsen eine beständige Ausgleichung nothwendig machen, die nicht lediglich durch Baarsendungen oder Wechselrimessen erfolgen kann; — das Letzte nicht, weil alle großen Geldoperationen Vorbereitungen erfordern, die mit den erschöpfendsten Zinsverlusten verbunden sein würden, wenn man sich nicht im Voraus auf einen bestimmten Tag eines Käufers (Verkäufers) für bedungenen Preis versichert halten könnte. Hiernach ist es unzweifelhaft, daß, wenn jene Verordnungen die beabsichtigte Wirkung ausgeübt hätten, Berlin seine Bedeutung als Fondsbörse verloren haben müßte. Wenn dies nicht geschehen ist, so war der Grund lediglich der, daß im kaufmännischen Verkehr bis zu einem gewissen Grade der gerichtliche Schutz durch die Begriffe der kaufmännischen Ehre entbehrlich gemacht wird. Das hat aber seine Grenzen und daran knüpfen sich die Nachtheile der Verordnungen; denn diese haben gerade an der Untergrabung derjenigen Solidität Theil gehabt, die sie befördern wollten. Gerade in ausländischen Papieren haben solche Personen ihre Geschäfte gemacht, welche ihr Wort nicht unter allen Umständen einzulösen Willens sind; so daß sie unter dem Schutze, welche die Verordnung der Wortbrüchigkeit gewährt, unbekümmert um das Resultat ihre Zeitgeschäfte machen und es darauf ankommen lassen, ob der Cours ihnen günstig; wo nicht, so berufen sie sich auf die Unklagbarkeit und zwingen so ihre Contrahenten, einen kleinen Theil der Forderung zu nehmen oder gar nichts. In ruhigen Zeiten sind das die kleinen Leute; in schwierigen Zeiten aber haben sich das auch solche zu Nutze gemacht, die sonst großen Credit genossen.

Derartige Erfahrungen müssen, wenn sie wiederkehren, nothwendig dazu beitragen, der Börse denjenigen Charakter der Solidität zu rauben, ohne welchen sie ihre Aufgabe nicht erfüllen kann und ohne welchen sie zu Dem wird, was die Verordnungen abzuwenden bezwecken, zum Tummelplatze eines verwerflichen und dem Wohlstande gefährlichen Spiels." — Die Literatur dieser Frage ist von Gustav Cohn a. a. O., auch von den franzöſ. Motiven und dem Naquet'schen Commissionsbericht, sowie von Grünhut a. a. O. S. 10, 17 angeführt.

Staatscredit und der industrielle Credit einer fortgesetzten Prüfung unterworfen ist, während das andere einen derartigen Verkehr nicht kennt, ist unter sonst gleichen Verhältnissen das erstere in einer finanziell entschieden glücklicheren Lage als das letztere; die fortlaufend offene Einsicht in den Staatscredit, die tägliche Erprobung desselben in dem Course der Staatspapiere mittels täglicher Behandlung derselben, ist bei sonst gleicher Finanzlage ein Vortheil, ist für sich allein schon ein Vortheil, wie das Auslagefenster zum Nutzen des Detailverkäufers eingerichtet ist; die Möglichkeit Angebot und Nachfrage intensiv und energisch mit Einem Schlage anspornen zu können, diese Möglichkeit, welche nur ein in tausenden von Zeitgeschäften täglich reger Börsenverkehr bietet, ist ein nicht zu unterschätzender Factor des Nationalvermögens; die Börse controlliert in ihren Geschäften unaufhörlich den Staats- und Gesellschaftscredit; damit mehrt sie Creditfähigkeit der Staaten, hält das inländische Capital ab, nach ausländischen Märkten zu wandern, zieht sogar ausländisches Capital herbei und mehrt damit — indirect wenigstens — das Nationalvermögen;*) ohne sie wäre die Unterbringung großer Anleihen, wie die der französischen zur Aufbringung der Kriegskosten 1871 mit ihrer collossalen Ueberzeichnung, kaum denkbar; um aber dies zu erreichen, muß man ihr ihren gesammten Umsatz, alle Zeitgeschäfte belassen, selbstverständlich auch diejenigen Käufe und Verkäufe, welche durch Differenzenzahlung reguliert werden.

Dieser Nutzen, welcher ebenso den Gesellschaften wie den Staaten zu gute kommt, wird um so größer, als durch die rechtliche Zulassung aller Käufe, auch die nicht mit Reallieferung, sondern mittels Differenzen abzuwickelnden, die Zahl derjenigen Personen sich mehrt, welche sich ein Urtheil über die Solidität und Prosperität irgend eines gerade in Rede stehenden Unternehmens bilden; die das Effectivangebot übersteigenden Nachfragen geben ein ebenso richtiges, vielleicht sogar ein richtigeres Bild von der künftigen Finanzlage des projectirten Unternehmens — soweit diese vorauszusehen — als die

*) Vgl. Struck a. a. O. S. 93, 94. — „C'est que pour qu'un capitaliste consente à placer ses capitaux sur des titres de rente, sur des actions ou des obligations de grandes Compagnies, sur des part d'entreprises industrielles, il faut qu'il sente qu'il aura toujours la facilité de se liquider quand il voudra, soit par la réalisation du bénéfice acquis, soit en s'arrêtant dans ses pertes. Il faut en un mot qu'il y ait un grand marché toujours ouvert où les offres et les demandes soient assez abondantes sur toutes les valeurs pour qu'on soit assuré de pouvoir à chaque minute acheter sans difficulté et vendre de même.“ Französ. Comm.Bericht (Naquet) S. 39.

durch den Effectivvorrath gedeckten Nachfragen; mindestens wird die zeitlich nähere Rentabilität von denjenigen, die kaufen um zu verkaufen, mehr geschätzt und schärfer geprüft als von denjenigen, die in dem Papier eine dauernde Anlage suchen. Der häufige Verkehr mit den Unternehmern und in den Papieren verschiedener Unternehmungen schärft den Blick der Speculanten, ein Umstand, der den Unternehmern selbst günstig ist, sie schlimmsten Falls zur vielleicht noch rechtzeitigen Auflösung des Unternehmens veranlassen kann; insoferne ist es richtig, daß in den Speculationsgeschäften „Nachfrage und Angebot von Personen ausgehen, die im Durchschnitt eine größere Befähigung zur Abschätzung der künftigen Rentabilität eines Actienunternehmens und der Zahlungsfähigkeit einer Regierung haben als die Masse der Capitalisten".*) Je weiter der Blick in die Zukunft reicht, je rascher und sicherer die Rentabilität einer Anlage oder die Verfehltheit derselben erkannt wird, desto besser ist es für das Vermögen des Einzelnen und aller Einzelnen; da aber „vier Augen mehr sehen als zwei", die bloß auf feste Capitalanlage abzielenden Geschäfte aber viel zu wenig zahlreich sind, um durch sie allein die möglichst große Anzahl von Taxatoren des Unternehmens herbeizuziehen und durch sie die den täglichen Stand der Werthe vergleichenden Mengen der Umsatzgeschäfte zu erzielen, ist die Aufrechthaltung aller börsenmäßigen Zeitkäufe nicht blos nützlich, sondern nothwendig.

Nicht der Geld- und Papierverkehr allein hat seinen Vortheil; an diesem Nutzen participiert die gesammte Production, auch die Landwirthschaft; auch für sie ist es direct von Nutzen, wenn der Stand der Getreidepreise den Verhältnissen angemessen berechnet, vorberechnet wird, und indirect von Nutzen, wenn faule industrielle Unternehmungen bald als solche erkannt und das an sich gezogene Geld bald wieder an das Land abzulassen gezwungen werden.

Je mehr Personen sich an der prophetischen Thätigkeit der Speculation betheiligen, desto mehr erscheint der Irrthum vermieden, der Betrug ausgeschlossen; darin liegt der Grund eines weiteren Vortheils, einer möglichst großen Mehrung der Zeitkäufe, gleichviel wie sie abgewickelt werden; durch die große Anzahl von Haussiers und Baissiers wird jedes glück- oder unheilbringende Ereigniß, soweit menschliche Berechnung reicht, im Voraus schon abgeschätzt, lange bevor es den Horizont exacter Beobachtung erreicht mit Agio oder Disagio escomptiert und so tritt an Stelle des rapiden Sturzes oder Aufschwungs der Course eine allmälige auf kleinen Stufen auf- und

---

*) So Struck a. a. O. S. 89.

absteigende Aenderung der Course und alle Schrecken der Krisen sind, soweit menschenmöglich, vermieden; wie es von Nutzen ist, die künftigen Preisänderungen vorauszuberechnen und heute schon einwirkend werden zu lassen, so ist es auch von Nutzen, die auswärtigen Preise mit den hiesigen zu vergleichen und so den Markt zeitlich und räumlich zu nivellieren. Auf den nivellierten Bahnen sind aber die riesigen Schädigungen der überstürzten Course ebenso vermieden, wie die riesigen Börsengewinne, die in krankhaft erregten Zeiten namentlich bei unentwickelten Verkehrsverhältnissen zum nicht geringen Nachtheile der Börse selbst erhoben worden sind.*)

Endlich sei darauf aufmerksam gemacht, daß eine möglichst lange Kette von Zeitgeschäften geeignet ist, das Risico, welches sich an eine Unternehmung knüpft, Gewinn oder Schaden aus demselben auf eine möglichst große Anzahl von Personen zu vertheilen, und daß diese Vertheilung ebenso von ethischem wie von finanziellem Werthe ist.**)

Es ist selbstverständlich, daß Speculation wie Börse überhaupt und die Differenzgeschäfte insbesondere ebenso ihre Schatten- wie ihre Lichtseiten haben und zu schwindelhaften Unternehmungen, zu Betrügereien und Uebervortheilungen mißbraucht werden können, und auch thatsächlich mißbraucht werden.

Nicht darin liegt das Mißbräuchliche oder Schwindelhafte, daß die mit Differenzen zu regulierenden Geschäfte auf „fingierten“ An-

---

*) Ueber die wohlthätige Wirkung der möglichst zahlreichen Zeitkäufe, nemlich Gleichmäßigkeit der Coursentwicklung, s. Struck a. a. O. S. 91, 92; G. Cohn a. a. O. S. 4; Französ. Comm.Ber. S. 38 ff.

**) S. französ. Comm.Bericht S. 39: — „On reconnaîtra qu'un des rôles les plus utiles de la spéculation... consiste à répartir les pertes et les bénéfices. Grâce à cette répartition une hausse survient: plus-value, production, — tout le monde participe aux benefices; c'est une baisse qui se produit: anéantissement de valeur — mais, sauf dans des cas tout à fait exceptionnels, cette baisse se produit par gradation; il y a distribution de la perte comme il y avait eu, dans le cas précédent, distribution des benefices; personne n'est mortellement atteint.

Cette répartition des risques, qui est le résultat de la spéculation, a l'avantage énorme d'empêcher l'édification de grandes fortunes et la consommation de grandes ruines et d'amener une équitable et démocratique distribution de la richesse sociale. Sans elle la fortune commencerait par se concentrer dans quelques mains, et cela ne serait même pas de longue durée; le commerce languirait, l'industrie manquant de débouchés ne produirait plus, les villes et les États ne réussissant plus à emprunter n'accroîtraient plus l'outillage national, et nous assisterions bientôt à un dépérissement véritable à une moins value universelle. — Die Baissespeculation wirkt, wie Michaelis sagt, gleich einem Versicherungsverband, s. Struck a. a. O. S. 93 ff.

trägen, „fingierten“ Aufträgen bestehen — denn dies ist nicht der Fall —, sondern darin, daß mit den Aufträgen und Anträgen sich andere Manipulationen, Gebahrungen von entschieden unreeller, unsittlicher Qualität verbinden. Diese Malversationen bestehen — neben den bei „Gründungen“ vorkommenden Manipulationen — für die Börse stets entweder darin, daß die Massenhaftigkeit der Angebote und der Nachfragen selbst künstlich vermehrt und als künstlich erzeugter Factor der Coursbildung verwendet wird, welch' letztere dann in daran gereihten Realisationsgeschäften ausgebeutet wird, oder darin, daß die Coursrichtung oder die Intensität der vorhandenen Coursrichtung durch falsche Gerüchte, böswillige Allarmirung der Börse und ähnliche Manöver beeinflußt und der damit erzeugte Coursstand durch geeignete Lieferungs- oder Empfangsgeschäfte ausgenützt wird. Es kann nicht genug darauf aufmerksam gemacht werden, daß die börsenmäßigen Lieferungsgeschäfte an sich jenen Manipulationen (dem „Schwänzemachen“, „corner“ der Londoner Börse, dem künstlichen Aufwärts- oder Abwärtstreiben der Course, „rig upwards“ und „rig downwards“ der Londoner Börse)*) fremd sind und sich zu jenen letzteren nur verhalten, wie das schuldlose Messer zur mörderischen Absicht seines Inhabers; die börsenmäßigen Lieferungsgeschäfte werden nach dem unredlichen Coursfälschungsmanöver nur verwendet wie der Strandräuber das Rettungsboot verwendet, wenn es ihm gelungen ist, das Kauffahrteischiff durch falsche Signale auf die verderbenbringende Klippe zu locken; — wer wollte daraus die Nothwendigkeit einer Unterdrückuug der Rettungsboote ableiten? — Die Zeitkäufe sind, gleichviel wie sie reguliert werden, an sich ebensowenig Schwindel oder verderblich, als das Darlehen, die Miethe und der Cassakauf es ist; wollte man Alles, was mißbraucht werden kann, trotz seines evidenten Nutzens verbieten, so hieße dies die Cultur aufheben, die Menschen zu unmündigen Kindern degradieren.

Mit dieser prinzipiellen Anerkennung der angefochtenen Geschäfte, — eine prinzipielle Angelegenheit, die hier in ihrer ganzen Tragweite ebensowenig wie in ihrer staatsrechtlichen und rechtsphilosophischen Begründung dargestellt werden kann, weil sie Erörterungen über Wesen und Zweck des Staates selbst, den wir hier als Cultur- und Rechtsstaat voraussetzen, erheischen würde — mit dieser principiellen Anerkennung ist jedoch keineswegs gesagt, daß es nicht Mittel und Maßregeln geben könne und solle, durch welche der Mißbrauch unterdrückt, bestraft, rechtlich verfolgt werden solle, der Mißbrauch,

*) Vgl. Struck a. a. O. S. 29, 77—79, 98, 99.

nicht das mißbrauchte Mittel, wie der Strandraub, aber nicht das Rettungsboot zu unterdrücken ist.

Uebrigens ist die Unterdrückung der Differenzgeschäfte nirgends ernstlich in Frage gewesen; mit der Erklärung der Nichtigkeit dieser Geschäfte, mit der Entziehung der Klagbarkeit, mit der Statuierung der Einrede des Spiels sind die Differenzgeschäfte keineswegs unterdrückt, oder auch nur vermindert, sondern es wird nur Demjenigen, der im Falle des Mißlingens seiner Speculationsabsicht sich den Verpflichtungen entziehen will, die er — scheinbar wenigstens — auf sich genommen hat, gesetzlich eine Rückzugslinie eröffnet. Dieses Mittel, die Methode der Gesetzgebung hat zu jenem merkwürdigen Conflicte zwischen dem geschriebenem Rechte einerseits und den Anschauungen zahlreicher anständiger Persönlichkeiten, ja man kann geradezu sagen, dem Anstande selbst andererseits geführt: der anständige Speculant zahlt die verlorne Differenz, der unanständige Speculant beruft sich auf die Nichtigkeit des Geschäfts, auf die Einrede des Spiels, er, derselbe Speculant, der sich im Falle des Gelingens seiner Speculation mit ruhigem Gewissen vom Gegner die gewonnene Differenz hätte zahlen lassen; der unverschämte „Börsenspieler“ stellt sich auf den angeblich sittlichen Standpunkt der Nichtigkeit des „Börsenspiels“, sowie ihm das Wasser an den Mund geht, und in Zeiten der Krisen steigt auf diesen „moralischen“ Standpunkt selbst Derjenige herab, der Vermögen besitzt und sonst, in ruhigen Zeiten, die verlornen Differenzen ebenso regelmäßig zu zahlen. wie die gewonnenen Differenzen einzutreiben gewohnt ist.*) Dies ist das Unmoralische, das Gefährliche an der zur Zeit noch die Differenzgeschäfte beherrschen wollenden Gesetzgebung;**) diese Förderung der Schamlosigkeit ist übrigens nicht der einzige Nachtheil der „Spieleinrede“ und „Nichtklagbarkeit“; die gesetzgeberische Weisheit, der diese Mittel entsprungen, hat in ihnen dem gewissenlosen Speculanten ein scharfes Messer in die Hand gegeben, durch welches er die Kette der abzuwickelnden Geschäfte willkürlich coupieren und die Theilnehmer derselben tödtlich verwunden kann. Dies wird übereinstimmend aus Paris und Wien gerade mit Rücksicht auf die Affaire Bontoux bestätigt; die Liquidation der schwebenden Geschäfte spinnt sich im Augenblicke einer Krise viel leichter ab, wenn keiner der darein Verwickelten sich durch jene „moralische“ Hinterthüre der „Spieleinrede“

---

*) Vgl. oben IV. Seite 11 ff. die Erfahrungen aus Oesterreich.

**) „Die Gesetzgeber hatten die Unsolidität aus dem Verkehre verbannen wollen und in Wahrheit eine Prämie auf die Unredlichkeit gesetzt“ s. Struck a. a. O. S. 109.

flüchten kann, als wenn jeder Käufer und Verkäufer an sein Geschäft gebunden ist.

Mit der Entziehung der Klagbarkeit wurde das Differenzgeschäft übrigens keineswegs unterdrückt; es ist nirgends unterdrückt, obwohl die Gesetze vielfach die Klage verweigern; es ist sowenig unterdrückt wie das Würfel- oder Kartenspiel da wo diesem alle Klagbarkeit entzogen ist. Man müßte, um das Differenzgeschäft zu beseitigen, weiter gehen, man müßte criminelle und Ehrenstrafen eintreten lassen — dadurch würde das Kind mit dem Bade ausgeschüttet: es würden auch alle guten Wirkungen beseitigt: die Bedeutung desselben für den Staats- und Gesellschaftscredit, für die erhöhte Garantie der richtigen Abschätzung der Rentabilität, ihre nicht genug anzuerkennende Bedeutung für zeitliche und räumliche Nivellierung der Course, ihre bewährte Bedeutung für die Risicovertheilung u. s. w. Ja man müßte noch weiter gehen, man müßte den Zeitkauf überhaupt, das ganze Lieferungsgeschäft unterdrücken, bei Strafe verbieten, — denn die mit Differenzen regulirten Zeitkäufe sind von vorne herein und überhaupt juristisch nicht von den durch Reallieferung erfüllbaren Käufen zu unterscheiden —, und man würde damit den ganzen Handel auf die Stufe seiner Kindheit herabdrücken, die Creditwirthschaft aufheben, die Staaten und die Gesellschaften creditlos machen.

Selbst die Größe der Börsenkrisen und der Börsenschwindeleien kann hierzu nicht berechtigen.

Zwar großartig können in der That auch die Schädigungen werden, zu denen die Zeitkäufe das ihrige beitragen müssen: der nationalökonomisch günstig wirkende Factor bei der Abschätzung der Rentabilitäten, bei der Herstellung der Gleichmäßigkeit der Course, bei der Risicovertheilung, überhaupt auf jeder Lichtseite der Speculation liegt in der Menge, in der Masse der Betheiligten, in der ungeheuren Zahl gleichmäßiger Geschäfte auf Seite der Hausse wie der Baisse; eben diese Massenhaftigkeit kann auch der Grund schrecklicher Verheerungen werden; sie ist geneigt im Guten wie im Bösen zu übertreiben, sie trägt jeden Betrug in's Ungeheure, eine blos zitternde Bewegung wird durch fortgesetzte Uebertragung bis zur tiefwühlenden Erschütterung verstärkt und eine verstandraubende Panik endigt den stürmisch bewegten Tag des Unheils; — auch derartige glücklicherweise seltene Ereignisse können und dürfen nicht zur Bekämpfung der Zeitkäufe führen; überall wo Menschenmengen vereinigt sind, ist die Möglichkeit einer Panik gegeben, von der die Masse und die Vernunft überwältigt wird durch Kopflosigkeit, — die Möglichkeit einer Panik kann doch nicht als Argument gegen große Truppenansammlungen angeführt werden, wo diese nothwendig sind oder erfolgreich wirken können; tritt auf der Börse eine Panik auf, so wird davon in der Regel nur ein Theil ergriffen, die Gegenpartei bleibt dabei fest und die Differenzregulirung geht auch hier glatt und verhältnißmäßig heilbringend vorüber, wenn sie auf Grund des Gesetzes garantiert ist.

Der heutige Verkehr bedarf der Zeitkäufe und der Differenzregulierung; wollte man ihren Nutzen auch geringer anschlagen als hier geschehen ist und in der ganzen Geschäftswelt geschieht, so wäre ihre Repression doch unthunlich, die Unterscheidung zwischen „reellem" und „fingiertem" Geschäft unmöglich, man müßte alle Zeitgeschäfte, alle Lieferungs-Käufe schließlich schlechthin verbieten, auch den Art. 357 Abs. 3 d. A. D. HGB. aufheben und einen Rückschritt in der wirthschaftlichen Entwicklung machen, der an Lächerlichkeit aber auch an Bedauerlichkeit den von der Socialistenpartei geplanten Umwälzungen nicht nachstehen würde.

Die Gründe, aus denen eine Einschränkung des menschlichen Handels im Geschäftsverkehr — vom Standpunkte unseres heutigen Cultur-Rechtsstaates aus — allein als berechtigt und veranlaßt angesehen werden kann, können nur aus der Verletzung eines sittlichen oder eines öffentlichen Interesse abgeleitet werden; die Verletzung kann in einem wie im andern Falle in einem Angriff gegen Privatinteresse liegen, aber nicht jeder Angriff auf ein Privatinteresse ist zugleich Verletzung eines öffentlichen oder sittlichen Interesse.

Die Speculation an sich ist keine Verletzung eines Privatinteresse; es hat jede Partei ihre eigene Meinung über das Geschäft, über die Rentabilität desselben und über den Ausgang einer Unternehmung; daß der à la hausse speculierende Käufer anders über die Sache denkt als der à la baisse operierende Verkäufer ist ja selbstverständlich. Nur da wo ein Betrug eintritt, ein Irthum in Bezug auf coursbeeinflussende Ereignisse absichtlich erregt oder absichtlich fortgepflanzt wird, nur da ist die Speculation auf das Gebiet des Unerlaubten übergetreten, sie verletzt mit diesen Mitteln sittliche und öffentliche Interessen.

Daher ist nicht das Geschäft, nicht die Speculation, nicht die Differenzregulierung zu bekämpfen und zu unterdrücken, sondern die Machination, welche das unredliche Mittel der Speculation ist.

Die Angriffspunkte, welche sich der Gesetzgebung in dieser Richtung bieten, sind mannigfaltig.

1. Die Reform des Actiengesellschaftsrechts wird und oll dazu beitragen, die Speculation vor unsoliden Gründungen zu

bewahren; die Umgestaltung wird die bisher eingenommene Basis des französischen Rechts verlassen und die des englischen Rechts einnehmen müssen;*) dabei ist soweit möglich zu verhüten, daß Actiengründungen nur der Agiotage wegen vorgenommen werden; vgl. zudem Ziff. 3.

2. Die Verbreitung falscher Nachrichten zum Zwecke der Beeinflussung der Course ist mit strenger Strafe zu bedrohen und zugleich muß — auch in Verbindung mit dem unter Ziff. 5 zu Erwähnenden — dafür gesorgt werden, daß die Verbreiter solcher Nachrichten zur Anzeige und Ahndung gebracht werden, gleichviel ob die Verbreiter der Börse oder der Presse angehören,**)

3. Festzuhalten ist an den Vorschriften, durch welche die Reduction des Actienfonds einer Gesellschaft zum Nachtheil der Gläubiger verhindert werden soll.***)

4. Festzuhalten ist an der Bestimmung des § 210 der Concurs-Ordnung (siehe oben S. 5, 6) und dafür zu sorgen, daß durch die mit der Masseverwaltung betrauten Personen die nöthige Anzeige zum Zweck der Durchführung dieser Strafbestimmung erstattet werde. †)

5. Es ist im Rahmen der modernen Staatsidee durch die Gesetzgebung jedes Hinderniß zu beseitigen, welches der Entwicklung des corporativen Geistes an der Börse im Wege liegt; wendet man heutzutage so viel Mühe an, den corporativen Geist und die Standesehre in den Kreisen des Handwerks zur Geltung zu bringen, so sollte man jenen Kreisen, in denen man die reelle Geschäftsgebahrung Jahrzehnte hindurch keineswegs den Gesetzen, sondern nur der eigenen Organisation und Standesehre zu danken hat, nicht das gleiche Recht verweigern oder verkümmern; das öster. Börsengesetz und die darauf beruhenden Börsenstatuten, durch welche namentlich die unlautern Elemente möglichst von der Börse entfernt, und die

*) Weiter ist auf diese sowie die übrigen außerhalb unseres Themas selbst liegenden Vorschläge nicht einzugehen. Vgl. Gareis, die Börse und die Gründungen, 1873 S. 35 ff.; Gareis HR. Anhang zu §§ 35—40 S. 223; Max Wirth a. a. O. S. 650, 651.

**) Vgl. Gareis a. a. O. S. 32, 33 und Struck a. a. O. S. 103.

***) Vgl. Struck a. a. O. S. 103 und Gareis, HR. § 37 insbes. S. 202 ff. § 41 S. 226 ff.

†) Die Berechtigung dieser Forderung ergiebt sich auch aus den Erörterungen bei E. Struck S. 104, 105. Die Unverhältnißmäßigkeit der Engagements eines in Zeitkäufen Specculierenden gegenüber dessen Vermögen ist kein Grund der Ungültigkeit dieser Geschäfte (s. französ. Gesetzentwurf Motive S. 31), wohl aber — möglicherweise — ein Grund zur Annahme eines Betrugs.

eigenen Schiedsgerichtsbarkeit zum Heile aller Betheiligten fest begründet wird,*) dürfte hierin nachahmenswerth sein. —

Ist in dieser Weise**) das Erreichbare erzielt, so wird die Herrschaft der Differenzgeschäfte auf dem Gebiete der Börse und des Großcapitals, in Industrie und Handel unbeanstandet fortbestehen können und wie andere Rechtsgeschäfte des Verkehrs, wie Tausch, und Miethe und Darlehen unangefochten bleiben; die Nichtigkeit der der Differenzgeschäfte und die Zulässigkeit der Spieleinrede, diese nicht bloß nicht nützlichen, sondern sogar, ökonomisch wie sittlich schädlichen Auskunftsmittel einer verkehrt moralisierenden Tendenz, wird alsdann Niemand mehr befürworten.

VII.

Steht das Princip — die Anerkennung der Zeitkäufe, gleichviel wie sie abgewickelt werden, — fest, so läßt sich doch noch über Einzelheiten, über die Nothwendigkeit oder Nützlichkeit einzelner Unterscheidungen und Einschränkungen sprechen und streiten.

Daß mit dieser Andeutung nicht die Unterscheidung zwischen reinen und uneigentlichen Differenzgeschäften gemeint sein kann, darüber dürften die bisherigen Erörterungen keinen Zweifel gelassen haben; denn es werden in Wahrheit keine „reinen Differenzgeschäfte" abgeschlossen und man kann die Personen, welche einen Zeitkauf abgeschlossen haben und sich durch die Differenz arrangieren wollen, nicht zwingen troz dieses ihres Willens die Reallieferung zu gewähren oder zu nehmen. Näheres hierüber siehe oben I. Seite 3, ferner III. Seite 9 Anm. insbesondere VI. Seite 19 ff. So erklärt es sich auch, weshalb der französische Justizminister den von der Regierung beantragten Zusatz, die Voraussetzung, daß die Reallieferung er- und aufzwingbar sein müsse, nach dem Commissionsbericht ohne Weiteres fallen ließ; siehe oben V. a. E. Seite 18, 19.

1. Es ist in Erwägung zu ziehen, ob die Anerkennung der Zeitkäufe, einschließlich der in Differenzenzahlungen endenden, und folgeweise die Ausschließung der Einrede des Spiels sich nur auf Börsengeschäfte, genauer: nur auf jene Geschäfte, welche im öffentlichen

---

*) S. oben IV. S. 12.

**) Die Börsensteuer als Mittel gegen unsolide Geschäfte heranzuziehen verwirft mit Recht Struck a. a. O. S. 109. Dagegen bin ich nicht der Ansicht, daß ein Verbot des Handels in noch nichtfälligen Dividendenscheinen, ein Verbot der Veröffentlichung des Courses solcher Scheine, und ein Verbot der Speculation in noch nicht zugetheilten Emissionspapieren nöthig oder auch nur empfehlenswerth sei. A. A. Struck a. a. O. S. 88, 102, 103.

Börsenlocale innerhalb der Börsenzeit über börsengängige Verkehrsgegenstände geschlossen werden, zu erstrecken sei.*) Bekanntlich ist dies der Standpunkt des österreichischen und des italienischen Rechts.**) Vorauszuschicken ist, daß praktisch nicht sehr viel darauf ankommt, ob man jene Localisierung in das Gesetz aufnimmt oder nicht. Dennoch ist sie zu verwerfen. Zunächst kann Ort und Zeit wohl nicht maßgebend sein, wenn es sich darum handelt die rechtliche Erlaubtheit und Gültigkeit, ja den sittlichen Werth eines Geschäfts festzustellen. Wären die Zeitkäufe das verruchte Schwindelspiel, das Manche darin sehen, so wären sie es an der Börse nicht minder wie außerhalb derselben, und sind sie es nicht, so ist abermals kein Grund, jenen Unterschied walten zu lassen; wird durch die Börsenstatuten dafür gesorgt, daß nur zahlungsfähige und anständige Menschen an der Börse verkehren, so ist die Ausschließung der Einrede des Spiels an der Börse — von Krisen abgesehen — ohnehin praktisch in der Regel belanglos: der anständige Speculant zahlt die verlornen Differenzen wie er die gewonnenen nimmt; aber außerhalb der Börse, da wo die Wirksamkeit des Börsenstatuts endigt, liegt die Gefahr nahe, daß der verlierende Speculant die Einrede des Spiels vorschützt und sich auf die Klaglosigkeit der Differenzgeschäfte bezieht. Verhältnißmäßig gering ist die Zahl der Börsenbesucher, sehr groß die der Auftraggeber außerhalb der Börse, die sich an Börsenspeculationen betheiligen; der börsenbesuchende Banquier erhält heute von ein paar Dutzend Kunden den Auftrag zu kaufen, in einigen Tagen die Verkaufsordre, er hat dementsprechend theils als Selbstcontrahent, theils als Commissionär an der Börse gekauft und verkauft: ist es nun rechtlich begründet, von der Zweckmäßigkeit und der Sittlichkeit gefordert, daß man den außerhalb der Börse stehenden Kunden dieses Banquiers das Recht einräumt, sich ihren Verbindlichkeiten zu entziehen, während der Beauftragte, weil er — auftragsgemäß — an der Börse abschloß, durch die dort abgeschlossenen Geschäfte rechtlich gebunden ist? Jedenfalls müßte man sagen: die von einem Banquier als Commissionär im eigenen Namen aber auf fremde Rechnung an der Börse abgeschlossenen Geschäfte sind — als eigene Geschäfte dieses Abschließenden — Börsengeschäfte, also giltig vom Standpunkte des öster. und des ital. Rechts, dagegen könnte der Auftraggeber, weil er nicht zur Börse kommt, die Spieleinrede vorschützen. Kein Grund spricht dafür, dem Banquier, dem Commissionär

---

*) Oesterr. Börsengesetz §§ 12, 13.

**) S. oben III. S. 10 und IV. S. 12.

jenes Risico aufzubürden, kein gesetzgeberischer Grund liegt vor, den Umkreis der Käufe und Verkäufe einzuengen, wenn feststeht, daß die Volkswirthschaft einen möglichst weiten Kreis der Käufe und Verkäufe fordert und daß die Sittlichkeit durch die Ausdehnung dieses Kreises nicht verletzt wird; kein Grund liegt vor, die Spieleinrede für denjenigen Kreis auszuschließen, der durch corporative Organisation und anständige Uebung ohnehin sich zur Erfüllung seiner Verbindlichkeit in der Regel genöthigt sieht, sie aber da zuzulassen, wo jene Binde- und Zwangsmittel und die Möglichkeit der Abwehrung unreiner Elemente nicht besteht. Die Geschäftsgebahrung in den Zeitkäufen ist nur dann sicher und nach allen Seiten hin befestigt, wenn der Logik, der Consequenz entsprechend, die Zeitkäufe für alle Käufer und Verkäufer bindend sind.*)

2. Damit hängt die Frage zusammen, ob die Anerkennung der Ansprüche aus Differenzgeschäften nicht auf einen engeren Kreis der Geschäftstreibenden, auf Wechselagenten, eigentliche Börsenmänner, Börsensensale, oder wenigstens auf Kaufleute einzuschränken wäre.

Auch diese Frage ist zu verneinen, und zwar wesentlich aus denselben Gründen wie die vorige (1). Es ist hier der Verschiedenheit zwischen dem deutschen und dem französischen Rechte zu gedenken: wir haben in Deutschland keine agents de change, keine Wechselagenten im Sinne des französischen Rechts. Unseren Commissionären fehlt einerseits jeder amtliche Charakter, anderseits sind sie privatrechtlich völlig ungebunden, sie können wie gewöhnliche Kaufleute kaufen und verkaufen, für eigene Rechnung und für fremde Rechnung, sich verbürgen u. s. w.; dagegen dürfen unsere Handelsmäkler für eigene Rechnung keine Geschäfte machen, weder unmittelbar noch mittelbar, auch nicht als Commissionäre, sie dürfen nur vermitteln, nicht aber für die Erfüllung der von ihnen vermittelten Geschäfte sich verbindlich machen oder eine Bürgschaft übernehmen oder dgl. Von einer Einschränkung der Giltigkeit der Differenzgeschäfte auf die Mäkler kann darum keine Rede sein, weil ja diese gar keine derartigen Geschäfte abschließen dürfen. Würde man aber die Commissionärs- oder Kaufmannseigenschaft auf Seite der Contrahenten zur Gültigkeit der Geschäfte voraussetzen, so würde sich die Gesetzgebung einerseits, wie vorhin erwähnt, einer Unbilligkeit und einer Risicoüberwälzung, die zwecklos, ja schädlich wäre, zu Schulden kommen lassen, anderseits würden Schwierigkeiten über das Vor-

---

*) Vgl. Französ. Gesetzentwurf Art. 1, Motive hiezu S. 25 ff.

handensein jener Eigenschaft in unserm heutigen Rechtsleben unvermeidlich sein. Der Kaufmann versteht in der Regel nicht mehr als ein andrer Capitalist von dem Gange derjenigen Ereignisse und dem Charakter derjenigen Unternehmungen, von welchen die Rentabilität eines börsengängigen Papiers u. dgl. abhängt. Den Standpunkt, den handlungsfähigen Leichtsinnigen gegen den wohl überlegenden Vorsichtigen zu schützen, zum Nachtheile der richtigen Speculation den Verirrungen thörichter und dabei gewinnsüchtiger Leute rechtlich vorzubeugen, diesen mittelalterlich-polizeistaatlichen Standpunkt, der auf die Theorie des beschränkten Unterthanverstandes die völlige Bevormundung der Einzelnen und der Gesellschaften durch den allweisen Staat baut, diesen Standpunkt haben wir glücklich hinter uns. „La loi aurait trop à faire à vouloir garantir les humains contre leur propre sottise," sagt der wiederholt angeführte franz. Commissionsbericht.*)

3. Vielfach ist die Frage erörtert worden, ob nicht die vorgängige Deponierung der in Speculation befindlichen Waare, insbes. der Werthpapiere, welche das Object der Zeitkäufe bilden, als Voraussetzung der Gültigkeit des Geschäfts gefordert werden solle. Es genügt zu bemerken, daß durch das Erforderniß der vorgängigen Deponierung der Zeitkauf allen Sinn verlieren und die Speculation damit völlig unterdrückt würde; es ist nicht anders als wenn man zur rechtlichen Gültigkeit der Creditgeschäfte die vorgängige Deponierung der zu creditirenden Geldsumme seitens des Schuldners beim creditirenden Gläubiger fordern würde.**) Ebenso würde es sich mit dem Erforderniß, die Nummern der gehandelten Papiere beim Vertragsabschlusse zu nennen, verhalten, ein Erforderniß, dessen Erfüllung ebenfalls in der Tendenz, die Geschäfte à découvert zu beseitigen, die Zeitgeschäfte überhaupt vernichten werde, übrigens von der englischen Gesetzgebung, Leeman's Acte von 1867, beim Verkaufe von Bankactien aufgestellt wird.***)

4. Sind neu zu emittierende Papiere als Gegenstände von Diffe-

---

*) S. 46.

**) „Un client (Auftraggeber eines agent de change) qui pourrait en donnant son ordre déposer le titre à vendre ou l'argent nécessair à cet achat, pourrait aussi bien vendre ou acheter au comptant. Le terme serait ici une fantaisie inutile. Si donc les marchés à terme sont reconnus indispensables au credit, au développement des Sociétés, les principes de ces diverses lois (von 1724, 1785, 1786 s. oben V. S. 13) ne peuvent pas, ne doivent pas être appliqués." Französ. Comm.Ber. S. 30, 31.)

***) Struck a. a. O. S. 108.

renzgeschäften, von Zeitkäufen überhaupt zuzulassen? Diese Frage wird von E. Struck insofern verneint, als er gewissen Personen das Recht entzogen wissen will, neue Effecten vor der Zutheilung zum Gegenstande von Käufen, Verkäufen und Rückkäufen zu machen. Die Geschäfte vor der Zutheilung der neu zu emittierenden Papiere („dealings before allotment") werden von gewissen Speculanten, „stags" genannt, in London in großer Ausdehnung nur um des Agiogewinnes willen betrieben, und gipfeln in der Regel in einem „corner", das ist in der Nachfrage nach Werthen, die die Nachfragenden sich zuvor schon gesichert haben, mithin in einer künstlichen Courssteigerung. Eine derartige Operation läßt sich um so weniger als solid bezeichnen, als es häufig gerade die Gründer selbst oder ihnen nahestehende Personen sind, welche durch künstlich gesteigerte Nachfrage ihre eignen Schöpfungen zu höhern Ehren beim Publicum zu bringen suchen. Man kann diese Manipulationen tadeln, aber unterdrücken kann man sie nicht, wenn man nicht das Zeitgeschäft überhaupt beseitigen will. Daß gerade zur Einführung neuer Papiere die Zeitgeschäfte nützlich, ja nothwendig sind, daß die Abschätzung gerade der neuen Papiere von Werth ist und deshalb zweckmäßig durch eine möglichst große Anzahl von Geschäften hervorgebracht wird, dürfte nach den vorausgegangenen Erörterungen VI. insbes. Seite 23—28 außer Zweifel stehen. Auch Struck erklärt ausdrücklich, „daß es nicht darauf ankommen kann, den Verkehr vor der Zutheilung zu beseitigen, sondern vielmehr ihn zu erhalten, wohl aber Fürsorge zu treffen für die Entfernung der ihn heute noch durchdringenden betrügerischen Beimischung." Hiemit muß man — die Durchführbarkeit vorausgesetzt, — einverstanden sein. Struck schlägt aber als Mittel vor, daß

„durch staatliches Gesetz den Anleiheagenten und Uebernehmern, den Gründern und Directoren von Actiengesellschaften, den Concessionären, welche ihre Concession den Eigenthümern von Grundstücken und baulichen Anlagen, welche diese Vermögensobjecte der Gesellschaft verkauft haben, und Personen, die in ähnlicher Weise an dem Zustandekommen der Untersuchung interessirt sind, die Einlassung in Geschäfte in den neuen Effecten vor Abgabe der einzelnen Stücke an die Zeichner, sei es auf eigene Rechnung, sei es auf Rechnung der fremden Regierung resp. der Gesellschaft, untersagt werde." In der Praxis dürfte sehr schwer zu constatieren und namentlich für den Gegencontrahenten häufig unerfindlich sein, ob ein Contrahent berechtigt oder wegen des von Struck vorgeschlagenen Verbots nicht berechtigt sei, das fragliche Speculationsgeschäft abzuschließen. Zudem dürfte das Verbot durch das Vorschieben von Strohmännern, von scheinbar Unbetheiligten u. dgl. sehr leicht umgangen werden können. Viele Nachtheile der Consortialmanövers lassen sich durch eine entsprechende Umgestaltung des Actiengesellschaftsrechts (s. oben VI. Ziff. 1 ff. Seite 32, 33) beseitigen, andere müssen eben in den Kauf genommen werden, wenn man Speculation und Zeitgeschäft nicht ertödten will.

5. Endlich ist in Erwägung zu ziehen, ob nicht die Prämiengeschäfte eine besondere Behandlung erheischen. Diese Geschäfte können der vollen Klagbarkeit noch weit unbedenklicher ausgesetzt werden, wie die Differenzgeschäfte; der juristische Inhalt dieser Geschäfte — Wahlrecht gegen Geldäquivalent — sowie die wirthschaftliche Verwendung derselben — Abschwächung des Risicos der Coursänderung —*) lassen dieselben als durchaus unverfänglich erscheinen; die Einrede des Spiels gegen die Prämienvereinbarung wirken zu lassen ist aus keinem Grunde angezeigt.**)

Das Resultat aller vorstehenden Erörterungen ist demnach Folgendes:

Es ist die Klagbarkeit der Zeitgeschäfte, gleichviel ob dieselben durch Differenzzahlung oder mittels Reallieferung erfüllt werden, anzuerkennen und die Einrede des Spiels oder der Wette gegenüber Ansprüchen aus diesen Geschäften auszuschließen.

*) Vgl. Gareis in Siebenhaar's Archiv f. H. u. WR. Bd. XVIII. S. 128 ff.; Grünhut in Endemann's Handbuch. D. HR. §§ 281—286 u. die dort zit. Lit.; Gareis, Kurzgef. Lehrb. d. HR. § 62 IV.

**) Vgl. Motive des französ. Gesetzentwurfs S. 32, französ. Comm.Ber. hiezu S. 45 ff. Vgl. oben S. 18 Anm.

C. Pätz'sche Buchdruckerei (Otto Hanthal) in Naumburg a/S.

FSC®
www.fsc.org
MIX
Papier | Fördert
gute Waldnutzung
FSC® C083411

Kolibri 360 GmbH
Ferdinand-Jühlke-Straße 7
99095 Erfurt, Deutschland
produktsicherheit@kolibri360.de